How To Survive And Thrive As A New Teacher

你的第一年

新教师如何生存和发展

[美]
托德·威特克尔 Todd Whitaker
玛德琳·威特克尔 Madeline Whitaker
凯瑟琳·威特克尔 Katherine Whitaker
著

SECOND EDITION

中国青年出版社

图书在版编目（CIP）数据

你的第一年：新教师如何生存和发展/（美）托德·威特克尔，（美）玛德琳·威特克尔，（美）凯瑟琳·威特克尔著；顿小慧，韩小宁，刘白玉译.
—北京：中国青年出版社，2018.8
书名原文：Your First Year: How To Survive And Thrive As A New Teacher
ISBN 978-7-5153-5159-9

Ⅰ.①你… Ⅱ.①托…②玛…③凯…④顿…⑤韩…⑥刘… Ⅲ.①课堂教学－教学研究 Ⅳ.①G424.21

中国版本图书馆CIP数据核字（2018）第122691号

Your First Year: How To Survive and Thrive as a New Teacher 2nd edition/ by Todd Whitaker, Madeline Whitaker and Katherine Whitaker / ISBN: 9781032281247
Copyright © 2016, 2023 Taylor & Francis
Authorized translation from English language edition published by Routledge, part of Taylor & Francis Group LLC.
Simplified Chinese translation copyright © 2018, 2024 by China Youth Press.
All rights reserved.
Copies of this book sold without a Taylor & Francis sticker on the cover are unauthorized and illegal.
本书中文简体翻译版授权由中国青年出版社独家出版并限在中国大陆地区销售。未经出版者书面许可，不得以任何方式复制或发行本书的任何部分。
本书封面贴有Taylor & Francis公司防伪标签，无标签者不得销售。

你的第一年：新教师如何生存和发展

作　　者：	［美］托德·威特克尔　玛德琳·威特克尔　凯瑟琳·威特克尔
译　　者：	顿小慧　韩小宁　刘白玉
责任编辑：	肖妩嫔
美术编辑：	靳　然
出　　版：	中国青年出版社
发　　行：	北京中青文文化传媒有限公司
电　　话：	010-65511272/65516873
公司网址：	www.cyb.com.cn
购书网址：	zqwts.tmall.com
印　　刷：	大厂回族自治县益利印刷有限公司
版　　次：	2018年8月第1版
印　　次：	2024年9月第9次印刷
开　　本：	787mm×1092mm　1/16
字　　数：	120千字
印　　张：	12.5
京权图字：	01-2023-5957
书　　号：	ISBN 978-7-5153-5159-9
定　　价：	49.90元

版权声明

未经出版人事先书面许可，对本出版物的任何部分不得以任何方式或途径复制或传播，包括但不限于复印、录制、录音，或通过任何数据库、在线信息、数字化产品或可检索的系统。

中青版图书，版权所有，盗版必究

目 录

前 言 009

　　最特殊的职业：积极地影响学生，改变世界　009

　　你的第一年　011

　　享受挑战　012

序 言 015

　　增强信心与动力，收获成功第一年　015

第1部分｜学生到校前：布置、布置、再布置 017

　　第1章　/　布置教室　019

　　　　教室布置的关键：确保教师能关注到
　　　　每一位学生　020
　　　　准备好学习用具，尽可能为学生节省
　　　　时间和精力　021

第2章 / 课堂流程 025

课堂流程越严谨，学生的不当行为就会越少 025

日常教学流程练习 026

多多益善，及时做出调整 027

第3章 / 课堂规则 031

有效执行课堂规则，能让班级成为你所期望的样子 031

制定规则之前，要有清晰的愿景 032

每天都必须遵守课堂规则 033

如何制定高效的课堂规则 034

第4章 / 备课与教学 039

要计划好课堂上的每一分钟 039

如何计划开学第一天 041

注重学生的参与 046

如何使用课程体系 050

第2部分 | 学生到校后，该做什么 053

第5章 / 课堂管理 055

建立良好的师生关系 056

对学生提出更高、更具体的要求 059

保持管理规则的一致性 061

为学生做出改变 064

目 录

第6章 / 重新考量对学生的期待 067

如何与学生有效沟通 068

学生对你的第一印象很重要 069

练习课堂流程的5个步骤 070

第7章 / 管理好你的学生 077

管理好你自己 077

当学生遵守规则时 079

当学生不遵守规则时 081

第8章 / 管理好你的课堂 093

处罚学生必须坚持的4个原则 094

制定适合自己班级的处罚机制 097

如何成功选择课堂管理体系 098

高效执行惩罚措施 100

积极处理棘手情况 105

勇于向学生道歉 110

不要害怕失败，寻找可以帮助自己的人 111

专注于真实目标 112

第9章 / 不断修正，做出改变 115

悄悄改变：在自己班上做实验，检测成效 116

按下重启键 119

第3部分 | 经营人际关系　　129

第10章　/　如何和领导打交道　131

　　获得领导的支持　132

　　信任领导　133

　　努力把工作做到最好　134

　　不要埋怨　135

第11章　/　如何和同事打交道　137

　　向同事学习　137

　　每天保持积极向上的心态　138

　　远离消极小集体　139

第12章　/　找到能赋予你信心、快乐和力量的人　141

　　寻找你的赋能者与领航者　141

　　与赋能者一起努力　144

　　虚心学习他人的优点　145

　　远离抱怨者　145

第13章　/　正确处理你与学生、同事、校长的关系　147

　　真诚地道歉,向学生分享你的感受　148

　　及时修复与同事的关系　150

　　一旦发现错误,马上道歉　150

目 录

第14章 / 如何与家长打交道 153

设身处地站在家长的角度思考问题 153
提前建立良好关系以备不时之需 155
如何与家长沟通学生的情况 156

第4部分 | 思考与成长　　163

第15章 / 随时吸收新知识 165

把每一个场景都当成学习机会 165
学会观察 165
积极参加会议 166
认真对待反馈意见 167
不要害怕说"不" 168

第16章 / 教育学生，从自我做起 173

教室里最重要的人是教师 173
教师有能力影响和控制学生的行为 174
相信你的直觉 175

第17章 / 珍惜每一次成长的机会 179

最好的教师也是最好的学习者 179
未来，你将战无不胜 181

反思指引　　183

前 言

最特殊的职业：积极地影响学生，改变世界

很高兴你读到这本书！读了这本书，你的生活和工作将会有很大改变。想象一下，你已经下决心使用自己具备的技能来帮助和成就他人了。当你的学生走进教室时，你无须紧张，只要记住，你会影响这么多人。每天你都会影响和改变你的学生，这很可能是你选择教育的初衷，现在，梦想终于成真了。

很快你会发现，你还要面对其他的现实。学生要是不听我的话，该怎么办？我该怎么去安慰沮丧的家长？我怎样才有足够的睡眠？最重要的是，我什么时候才有时间去趟洗手间？

每一天都是崭新的,每一天都很特别,每一天都会面临挑战。不过,你一定能战胜挑战!当然,有一些特殊时刻会令你怦然心动,有些时候你想弄明白自己到底在做什么,也有一些情况令你很想哭,而且你很可能真的会哭。你知道自己已经立志要成为一名教师,而以上种种,可能就是你选择当老师的原因之一吧。

但是,不要仅仅想当"一名"教师,还要成为一名"特殊"的教师。你要成为启发别人的老师,因为你的老师曾经启发了你。你希望一届又一届的学生毕业后仍然来拜访你,你也想给班里年轻一代的生活带来改变。知道吗?你可以做到,现在决定权就在你的手上。

有些学生潜力无限,能改变世界,发明最新科技,或许还能研究出更多医治癌症的药方。和这些学生在一起总是很有趣,每天都惊喜不断,你也可以稍微称赞一下他们天资聪慧。这么做,是应当的。

此外,有一些学生会面临更多挑战。这些挑战也许关乎他们的家庭、能力、态度或过失,但也有可能与这些都无关,这些学生才会真正地考验你的忍耐力和能力,能够关注到所有学生的老师和那些只关注到部分学生的老师有着天壤之别。尽管这些挑战有时会令你沮丧,但当你看到他们学到新知识时闪烁的目光,掌握一个概念时脸上的笑容,或者意识到自己一定能做到时的再次投入,你就会明白,自己当初选择做老师是正确的。

前 言

你永远都不会忘记自己的学生,学生永远不会从你的记忆和内心中消失,你对自己教的第一个班级总会有一些特殊和抹不掉的记忆。你要相信,自己也会成为学生永远的记忆,这便是我写这本书的原因所在。系紧安全带,因为它将成为你生命列车开启的一段最活跃、最兴奋的旅程,它会超出你的所想所望。感谢你选择成为一名教师,感谢你选择为学生与世界带来不同,也感谢你选择积极影响他人。

你的第一年

掌握本书全部要点会让你的教师生涯从此与众不同!在这本即将问世的书中,国际知名教育专家托德·威特克尔和他的两个女儿玛德琳和凯瑟琳分享了他们对新教师的建议和启发。玛德琳和凯瑟琳分别在小学和中学任教,她们会逐步引导你在新的角色中不断成长,克服许多新教师面临的挑战,提升课堂管理技能。本书内容包括:

- 掌握课堂管理技巧,比如:建立师生关系,保持对教学工作的高要求和一致性
- 安排布置教室,制定流程和规则
- 高效备课,用心授课

- **管理好自己的课堂情绪，有效处理学生不当行为**
- **加强与其他老师、管理人员和家长们的有效沟通，彼此扶持，共同协作**

本书的内容实用且便于阅读，书中涵盖了大量小学、初中和高中课堂的具体事例。在这个版本中，我们新增了关于课堂管理和应对学生的挑战行为的内容，这是可能会影响工作满意度的两大方面。此外，还增加了"想一想"栏目，以帮助你对"代表性""包容性"等话题做出反思。你可以独立思考这些问题，也可以与一名导师或另一位新教师共同讨论它们。

新教师是一个学校非常需要的特别群体，希望本书中的实用建议可以帮助你在事情进展不如意时能够及时做出调整或按下"重启"键，也希望它能为你的职业和个人旅程提供坚实的支持！

享受挑战

本书有多种用途，如果你还在上大学，可以把它从头到尾反复阅读。如果你已为人师，可以把它当作教学参考指南。在你为开学做准备时，希望它能为你提供参考。或者在你遇到某个挑战时，它能随时为你提供帮助。

前言

这本书记录了小学、初中和高中时期各种环境下的实例,其中也包括一些个例,读完这本书,你就可以清楚地知道该如何设立要求,如何与学生和家长沟通以及如何备课。

本书花了很多篇幅去讲学生管理和课堂管理,因为很多新教师告诉我们,这才是他们最关心的话题,也是面临的最严峻挑战(有时甚至远远不止这些)。

有一些刚入行的新教师们把课堂管理看成最严峻的挑战,我们认为在这方面为他们提供一些帮助是很有必要的。有好的课堂管理不一定有高效的课堂,但没有好的课堂管理就一定没有高效的课堂。

我们也想过和校内外人士一起提供指导,如果能找到彼此分享和学习的同行就再好不过了。

对于教师来说,能够与家长保持良好沟通,从他们那里获取支持也非常重要。我们一定要学会应付各种情况,包括有挑战性的难题,这也是享受教学生活的重要部分。

对于教师来说,时间尤其宝贵,所以我们在每章的末尾处增加了一个"想一想"栏目,在这个栏目中我们总结了每一章的要点,并希望它能够在你的阅读过程中为你提供一些提示性的反思性问题。如果你发现自己对这章的内容记忆有些模糊了,你可以通过看一眼"想一想"迅速回忆起要点，并在你重读本书时帮助你迅速定位你想要阅读的章节。

最后，希望你享受本书的阅读之旅，也祝愿你度过顺利的第一年。能够参与到你的第一年中是我们莫大的荣幸。

希望你享受这本书，也希望你开启美妙的教学旅程。

序言

增强信心与动力,收获成功第一年

我们非常开心能够出版《你的第一年》的第二版。我们非常感谢教师们对这本书的喜爱和反馈。我们看到大家在社交媒体上创建了"#你的第一年"的话题并进行了互动讨论,这是非常可贵的经历,帮助我们在线下会议和线上平台中与很多人建立了联系。这使我们更加坚定了要为大家提供更多支持的决心。

在写第一版书时,我们希望能为新教师提供支持和指导。很多新教师都会有孤助无援、压力过大的苦恼,并且难以找到工作和生活的平衡。不仅如此,整个世界和教育界更是发生了翻天覆地的变化,很多教育工作者和学生都还在适应今天所谓的"新常态",比如对标准评估成绩更多的强调,学生行为和品格方面的复杂问题以及个人辅导和线上教学中的新技术的融合。因此,今天的新教师们可能比以往的新教师要面临更大的挑战。

  但我们想增强一下新教师们的信心和动力,即使挑战艰巨,你仍旧可以收获一个成功的第一年,并且从很多方面来看,教师的重要性较之以前也大大提升了。但要想取得成功,教师们仍然需要专业的支持和指导,因此本书的第二版应运而生。我们想就课堂管理和应对学生的逆反行为这两方面提供更多的指导。研究表明,教师对工作不满甚至离开这个行业的主要原因之一就是他们疲于应付课堂管理。所以我们想通过提供具体的、经证实有效的方法来为教育工作者提供支持,以帮助他们改善班上学生的行为表现。你是特别的,也是被需要的,我们希望这本书可以为你的职业和个人旅途提供宝贵的支持,也希望你能够喜欢这本书,并享受阅读的过程。

第1部分

学生到校前：
布置、布置、再布置

第1章 布置教室

教师是一份复杂的职业，要成为杰出的教育工作者，你需要在很多方面付出努力。作为一名新老师，在开学后几周内必须关注的一个主要方面就是课堂管理。在一次大规模元分析中，王·埃泰尔和瓦尔贝格研究了影响学生成绩的因素，发现最大的影响因素是课堂管理。研究还表明，大部分老师会把维持课堂纪律当作压力最大的一项工作。**入职第一年，很多事情你都不了解，或者还搞不清楚，但课堂组织和流程，你必须要搞清楚。**

虽然你决定不了教室是否宽敞，便携式电子设备的管理维护也并非你的分内之事，但你完全可以把课堂变成你想要的样子。在布置教室的时候（也可能是清扫上一学年留下的东西），你要考虑两方面：教室摆设和学习用具。

教室布置的关键：确保教师能关注到每一位学生

谈到教室的布置，就要考虑到教室的流动性、功能性及其构造。桌椅摆设一定要注意到教室的功能性，这样做可以在学生进入教室之前就解决掉很多课堂管理的基本问题。现在就开始想想以下几个主要问题：有多少学生？桌椅数量够不够？怎样布置教室能帮助你从一开始就取得最佳效果？班级人数很大程度上决定了教室的布置。我们来看看以下两位老师开学前在布置教室上的不同做法。

乔治女士是一名中学科学老师，班上有30—35个学生。她分到的教室是全校面积最小的，但由于班级人数较多，她在设计空间上的选择就受到了限制。要管理这么多人的班级，她有点不知所措，因此她想寻找一种令自己和学生都满意的教室布局。乔治老师最佳的做法就是把课桌平均有序地排成排，这样一来就不需要过多挪动课桌，同时也限制了学生之间交头接耳。乔治老师非常希望将课桌按组摆放，以便学生合作做实验，但她知道自己会随时变动课桌的摆放。从教第一年刚开始，乔治老师的主要目标就是实现教室布局和课堂秩序的最佳结合。课堂惯例一旦形成，她就可以把课桌按组排放，因为刚开始时教室布局要尽可能完善。

格兰特先生是一名小学老师，班上有25个学生。由于教室面积较大，

第1章 布置教室

他可以灵活自如地设计教室布局。他信心满满地将课桌按组摆放，因为大部分课堂教学可以在小组讨论中完成。于是，他决定把25张课桌分成5组，保持黑板前的空间宽敞，并把教室朝向图书馆的那扇窗户边上的后面角落也空出来。虽然格兰特老师可以更加灵活地进行创新，但他的重点还是放在教室的流动性、功能性以及构造上。两位老师的教室布置之所以看起来不尽相同，是因为他们的教室面积、学生人数、需求和舒适度各不相同。

在布置教室的时候，要确保不管你站在哪儿上课，都可以随时监督到全体学生，这是最后要考虑的一点，或许也是最重要的一点。如果乔治老师将一个课桌放在文件储藏柜后面，或者格兰特老师将读书角置于多媒体主控台后方，这样的布置很快就会让情况变得糟糕，因为学生们可能会去那些地方藏起来。当然，或许两位老师足够幸运，整个班的学生都是完美天使，他们永远不会利用那些"隐藏角落"，但作为新老师来讲，我们不会去冒那个险，提前考虑可能会发生的事情要比事情发生后再去解决要简单得多。

准备好学习用具，尽可能为学生节省时间和精力

关于教室布置的第二个方面就是要用到的学习用具。确保那些必要

且经常用到的学习用具能够让学生触手可及，而那些不经常用的学习用具要妥善保管，以便需要时随时能找到。日常上课用到的基本用具有哪些呢？铅笔？笔记本？课本？平时不太需要但可以触手可及的用具又有哪些呢？剪刀？计算器？数学教具？也有可能最后有些学习用具你根本不知道该如何处理。如果这样的话，大方地向其他老师和管理人员求助。如果他们说把这些用具保存下来，你就把它们存放起来，因为这些是不会经常用到的。

史密斯女士是一名三年级的老师，她给每个学生的椅背置物袋里预备了一个干擦板和写字夹板，因为她觉得这些会经常用到，然而却把那些可能不会常用的活页夹放到个人储藏柜里。由于不确定开学前期用不用笔记本，所以她就把笔记本整齐地放进一个储藏柜里，以便需要时很快能找到。

即使像杰肯斯这样的高中英语老师也会考虑学习用具的摆放。他知道很多学生在开学第一天会带笔记本，但是为了以防万一，他还是额外准备了一些。他也在办公桌上的笔筒里放了一些削好的铅笔，忘记带铅笔的学生可以借用，但是要在借笔单上签字，这样到下课的时候，他就可以方便把借出去的铅笔收回。另外，他还把课本按班级序号分好，堆放在窗户下边的陈列柜里，以便快速地分发给学生。

第1章
布置教室

在学生到校前,尽可能充分地准备好,这样新学期更容易旗开得胜。 现在就从布置教室和准备学习用具着手吧。提前安排好这些事,一旦学生到校,你就会省出很多时间来处理最重要的两件事情:学生和教学。

> **想一想**
>
> 许多教师会想要在学生到达教室前布置好教室。我们希望你能够思考以下两个问题:(1)如何布置教室会使你喜欢每天待在这里上课?(2)如何通过教室墙上视觉资料、海报、照片等方式让学生和家长感到自己在这个班级有存在感?有没有什么方法可以同时满足上述两个要求?

第2章　课堂流程

课堂流程越严谨，学生的不当行为就会越少

在为第一年的教学工作做准备时，你需要布置教室，也需要多花心思考虑一下课堂的流程和要求。做好这些日常的基本工作，你和学生们就能将课堂这台上好油的机器较好地"运转"起来。研究表明，课堂流程是确保有效课堂管理的重要部分，这些流程也会对学生的学习和行为举止产生积极的影响。**课堂组织流程越严谨，学生的不当行为就会越少，班级氛围就会变得越和谐高效。**

日常教学流程练习

下面列出的是各年级老师都应该考虑的日常课堂流程。

- 铅笔：学生该如何拿到铅笔，怎么削铅笔？如果有学生忘带铅笔，该怎么办？需要橡皮该怎么办？

- 笔记本/课本：学生每天都要带笔记本和课本来教室吗？如果不需要，每天该怎么把这些分发给他们？如果某一天有学生没带它们来上课，该怎么办？

- 家庭作业：作业交到哪里，或者说你怎么收齐作业？批完后又怎么返给学生？

- 补课：学生错过的课应该怎么补？他们可以用什么系统补课？

- 洗手间：学生多久可以去一次洗手间？如果学生需要去洗手间，该怎么告诉你？你需要记录学生去洗手间的次数吗？

- 技术设备：教室的技术设备该如何保管？如果有的设备是可携带的，该怎么分配给学生？

- 手机、平板电脑、个人设备：学校对这些有什么要求？学生什么时候可以使用？什么时候禁止使用？

- 进入教室：学生需要摘下帽子吗？需要保持安静吗？他们可以直

接坐到座位上吗？进了教室应该最先做什么？

- 离开教室：你会给学生下课指令吗？铃响了学生才能下课吗？他们必须学会按某种顺序排队吗？排队的时候必须保持安静吗？

除了这些大多数老师都会用的基本流程，还有一些其他的流程，你可以运用到课堂中来。例如，一年级的老师需要提前考虑到学生在进入教室后应该把背包和午饭放在什么地方，而十一年级的化学老师则要考虑到学生该如何使用并取回做实验用的烧杯。花时间在教室里边走边想，然后列一个预想的流程表。

多多益善，及时做出调整

下面列出的是一些更宽泛的教师同样需要的流程。虽然我们不能把你要预备的东西一一列出，但这些足以帮助你从一开始就制定好课堂流程和要求。记住，一旦学生到校，就要根据学生和预料之外的情况做出调整。尽力准备以下所列出的课堂流程，但要记住，中途难免要做出调整。

- **取放纸巾**
- **学生提问**
- **从学校图书馆或者班级图书库借书**
- **在教室吃东西**

- **保存和分发不常用到的学习用具**（蜡笔、彩色铅笔、剪刀、胶水等）
- 点名
- 消防演习
- 上课/日常课堂活动
- 放学/日常课堂活动
- 龙卷风演习
- 丢失物品
- 扔垃圾或者回收垃圾
- 教室值日
- 未完成的工作
- 技术设备的使用和许可
- 地震演习
- 补课
- 补交作业
- 座位布置
- 学生迟到
- 可接受的噪声程度

第2章 课堂流程

- **参与课堂讨论**
- **分组和选组**
- **封锁校园演习**
- **突发疾病**

以上所列事项一开始看上去可能无法完成，但幸运的是，有人已经为你解决了某些问题。例如，学校可能已经在学生进大厅、从图书馆借书甚至一些突发事件演习上有了基本规则，而其他事项你可以求助老教师、信得过的同事甚至网络。

永远记住，在课堂组织流程方面，就算准备过多也总比准备不足要好。而实际上，也不会出现准备过多的情况。比如，如果你不确定要不要记录学生去洗手间的次数，为了保险起见，可以尝试先记录着。如果你发现它无关紧要，就可以逐渐放弃这种做法。如果它给你带来了巨大的帮助，你就会很庆幸在第一天就采用了这种做法。

> **想一想**
>
> 当你在设计课堂流程时,我们希望你能够考虑到你的决定对那些有着不同身份、背景和文化的学生将产生何种不同的影响。要将决策的包容性纳入你的考虑中。比如,你在设计家庭作业时,是否考虑到有些学生的家长可能身兼数职,所以无法在晚上定期辅导孩子作业?你该如何确保你选择的课堂流程不会伤害到那些有不同背景的学生?

第3章 课堂规则

有效执行课堂规则，能让班级成为你所期望的样子

课堂准备的最后环节便是课堂规则，大量的研究都强调了制定清晰规则的重要性。规则之所以不同于流程，是因为规则是界限，一般与学生的行为举止和品格有关，并且一旦违反规则，会带来某些不好的后果。

有些老师在开学的第一天就把课堂规则贴在教室墙上，也有些老师为了培养学生的主人翁意识，喜欢和学生一起制定规则。而有些老师可能只采用学生耳熟能详的学校规则，这样一来，老师只需要在开学第一天陈述一下即可。某些老师，尤其是中学老师，则没有把明确的规则和要求贴到墙上，而是刻在脑海中。

规则之所以很重要,是因为你可以每天推行这些规则,从而让你的班级成为你所期望的样子。

制定规则之前,要有清晰的愿景

老师设立的规则应该代表他们的核心理念,并有助于营造班级氛围。即使那些无意制定课堂规则的老师,在日常教学时,也已经在头脑中下意识地制定了规则。第一年当老师,你不可能像专业老师那样制定出清晰明确的课堂规则。因此,你务必想清楚自己想要什么样的班级,才能制定出什么样的课堂规则。

无论你是哪一类老师,在制定规则之前,都要有一个清晰的愿景。

你要永远记住,规则代表着班级所属老师的理念,只有有效地执行规则,才能形成良好的班风。你想营造什么样的教室氛围?哪些规则能帮助你最有效地营造这种氛围?哪些事情对你来说没有商量的余地?不要怕把"抓住机遇"这样的非传统规则考虑在内,我们称这样的规则为"文化建设"规则。"文化建设"这个说法来源于制定规则的目的,大多数规则是为了让学生明白哪些行为是不当的,然而,有些规则是为了营造某种积极向上的课堂氛围。例如,"抓住机遇"这个规则,可以让所有学生变得坚毅,并取得成功,然而,"完成所有任务"这一规则并不能激励学生,同时对于那些学习很吃力的学生来说，这一规则也不切实际。

每天都必须遵守课堂规则

下面列举的是一些课堂规则。随便读一读，然后仔细考虑你想使用哪些规则。**记住，不管你制定了什么规则，必须持之以恒，每天都要遵守。**如果你觉得某一条规则不太合适，最好不要使用，尤其是在第一年开始的时候。沃思科和罗斯总结得很好："谨慎所言，说到做到。"

在看这些规则的时候，你可能想详细阐述所想到的每一个不当行为。对老师来说，太过具体的规则显得太繁琐甚至会适得其反，所以在制定规则的时候，只挑选几个即可。另外，只要有机会，就要用口头的方式告诉学生，你想让他们做什么，而不是禁止他们做什么。

- **注意安全**
- **完成所有作业**
- **一个一个来**
- **准时**
- **认真听课**
- **准备充分**
- **举手发言**

- **敢于冒险**
- **合理使用技术设备**
- **尊重他人及其物品**

如何制定高效的课堂规则

下面介绍两位老师认真思考制定规则的整个过程，希望对你有所启发。

作为一年级的老师，波特女士一直在仔细思考班级规则的事情。她知道，一年级的学生还未独立，所以需要制定非常具体的规则。她想到的第一条便是"尊重同学和老师"，因为她的辅导老师就曾经制定过这一规则，并且它在解决学生遇到的问题时起到了很大的作用。随后，她又写下了"举手离席"，但她忽然意识到这一规则对自己班里的学生来说意义并不大。目前她在计划做识字闯关，这要求在她下达小组指令时，学生能够自由走动，因此需要举手才能走动就没有意义了。仔细考虑了哪些规则最适用于自己的班级后，她总结了自己认为很重要的四条规则：①尊重同学和老师；②安静聆听他人讲话；③从一开始，就要听从老师的指令；④课堂任务转换时，保持安静。

威尔逊先生马上要成为一所私立学校十二年级的英语教师。在为第一年做准备时,他知道班内会有一些全校优等生,但他不想让学生毫无期待就走进教室。所以,他打算制定一些关于学术方面,而非行为举止方面的规则,因为学习上的问题可能会突然出现。他想起自己在上高中时这门课是多么的枯燥,所以就想制定一个"文化建设"的规则来奠定班级氛围的基调。在认真考虑好班内学生取得成功所需要的规则后,他决定要在开学第一天介绍以下三条课堂规则:①每天做好课前准备;②参与课堂讨论;③成为真正敢于冒险的人!

现在,花点时间想一些适合自己课堂的潜在规则,然后写在笔记本上,或者列在你的移动设备或者电脑上。你需要列一个具体的清单供自己参考,在花时间思考自己的潜在规则时,你要反思以下三个问题:

- **要持之以恒地执行你制定的规则,对此,你觉得自己能应对自如吗?**
- **对于你所教的不同班级,你需要制定不同的规则吗?**
- **这些规则是你制定的,还是你的学生也可以参与进来?**

这三个问题既表达了制定规则的合理性,也表达了得到学生认同的合理性。你要确保自己在不断地执行所制定的规则时能应对自如,这一点很重要。因此,每当学生违反规则时,都要有一个常规的跟进。比如,你选择的"举手发言"这一规则适用于全班辩论吗?如果不适用,该规则便毫无意义可言。相反，你可以选择"在别人讲话时，要表示尊重"这一规则，因为它适用于任何时候。如果有学生在你讲课的时候突然插嘴，这就算违反了该规则。另外，对一天中不同时间或者不同活动都要敢于用不同的规则和要求。比如，在课上，你可以用"举手发言"这一规则，而在课下就不能用。为了让学生举手发言，你可以贴个标语"上课时间"。一下课你就可以把这个标语摘下来，恢复日常的课堂规则。

最后一个反思问题是为了让你记住，选择学生自己制定的规则会让他们觉得自己拥有主权，这一点在营造积极向上的班级氛围上很有必要。如果你只是简单地告诉他们规则是"举手发言"，而不向他们解释这样做的真正理由或原因的话，他们就不太愿意遵守这一规则，这就是为什么很多老师会跟学生一起制定规则的原因。然而，许多高效能老师选择自己制定规则，如果你也这样做，记住要和学生解释一下选择这些规则的原因。比如，"举手发言"的规则，你可以告诉他们，这一规则与他们的生活息息相关。让他们记住，当你在分享想法或观点时，有人在你没说完的情况下插嘴进来是很不恰当的。这种类似的解释能帮助学生真正理解和认同规则，也能避免之后学生再违反规则。

最后，如果你担心自己的规则在别人看来过于简单的话，你可以先开始执行看看。在后面的章节里，我们会讨论如何对那些不合适的或者给你和学生带来不安的规则和流程做出调整。

> **想一想**
>
> 设计课堂规则和设计课堂流程需要注意的事情是一样的,我们希望你能考虑到你所选择的课堂规则是否能够有效地适用于不同背景的学生。不同身份、背景和文化的学生甚至可能对课堂规则产生不同的理解。比如,想一下学生对"尊重他人"可能会有哪些不同的理解方式?如何定义课堂规则才能确保在创造积极、高效的课堂氛围的同时表达出对不同个体和文化的肯定和接纳?

第4章　备课与教学

要计划好课堂上的每一分钟

一个新老师能否取得成功的关键在于课下备课。在本科阶段，或许你学过如何写一份粗略的课程计划，比如要弄清楚你的对象、需要的材料以及如何介绍主题等，虽然这些对如何高效地教学有一定作用，但在准备开学最初几周的课时，可能就没什么用了。在这个关键的时间段里，你要知道如何做一名老师。老实说，你也许不在意上课的目的，你只想平安度过这段时间。大学教授们可以在预备学术讲授的课程方面给你很大帮助，而本章则将为从教第一年的你在预备教学上提供帮助，开学之初你们还在设法弄清楚如何管理学生，更别提如何教他们字母表或微积分了。

尽管你不清楚自己在那段时间里应该做什么，但特别重要的是，你要看起来像知道自己在做什么。 这并不代表你突然变得"无所不知"了，而是指你要在每个模块、每个阶段和每一节课，都时刻给学生留些事情去做。例如，老师让学生完成一份作业，三个学生在两分钟内就完成了，完成之后便无所事事。完成作业后的那段时间被称为"停机时间"，新老师可以在这段时间做一些对学生和老师都重要的事情。根据托德·威特克尔关于教学质量的研究，在一个高效能教师的课堂上，没有什么事情会"随机"发生，因为高效能教师总是"对所有要做的事情制订计划和目标"。虽然你是第一年当老师，但幸运的是，你可以通过消除"停机时间"，即学生无事可做的那段时间，来实现高质量的教学。

"停机时间"之所以不可取，原因有两个。第一，浪费宝贵的上课时间。很多教育工作者认为，白天上课的时间不足以教授学生所需要的知识。所以，要计划好每一分钟，因为每天上课浪费的时间一年加起来有好多个小时呢。如果你在教一年级的学生如何认字，或者教八年级的学生求直线的斜率，那么那些浪费的时间会直接导致学生理解学习内容的能力下降。第二，打乱课堂节奏。作为教育工作者，我们知道，管理课堂最有效的老师是那些保持紧凑的课堂节奏来帮助学生获得成功的老师。如果你在上课，但不知怎地，你备的课只有四分之三的学生在参与，其他学生在做

第4章
备课与教学

什么呢？之前提到有些同学会走神，这对你来说可能损失不大，但这会导致学生失去宝贵的学习机会。然而，也有些同学会利用"停机时间"打扰其他同学，查看社交媒体的信息甚至打断老师，一旦有一个学生走神，其他学生可能都会走神。

为了避免这种情况发生，你必须在开学后前几周考虑周全。是的，就是要考虑周全！你绝不想成为这种老师——上完一整节课，全班二十八个学生还剩下八分钟的"停机时间"才下课。这时候，即使表现最好的学生也会坐不下去，所以在备课的时候，你要把一天的课程计划精确到分钟。想想学生第一次进教室会做什么，完成作业后又会做些什么，在全班只有五个学生主动把问题答案写在黑板上时，其他学生会做什么，等等，你必须尽可能地避免"停机时间"。另外，还要为那些早早完成的学生准备好任务。不管你让他们做什么，确保能充实他们的学习，而非采取权宜之计——随便找一些事情来让他们做。

如何计划开学第一天

现在，你们当中有一些人的校长或团队可能要求你制作并上交详细的课程计划。如果是这样，你的课程计划会在打发"停机时间"上派上用场。然而，如果你所在的学校没有这样的要求，就看看下面两个生活中的真实例子：第一年从事教学的老师是如何计划开学第一天的。虽然讲的一个是小学老师，一个是中学老师，但要注意他们的相似之处。针对开学第一天，这两位老师的计划既广泛又详细，并且精确到分钟。

小学示例

8:20—8:30早晨任务　我在门口给学生发早晨任务卡。提醒并希望他们在早晨能做到：不许说话，把所有材料放到储物柜里，在自己的座位上吃早餐。等完成了任务，他们就把任务卡扣在课桌上。之后，他们可以读书或写字，一直等到有其他通知。

8:30—8:40早晨班会　我给学生们解释，待命令发出后，他们该如何安静地挪到地毯上，并按照顺序围成一圈。班会上，我给学生介绍手势（贴在黑板上），解释上洗手间的要求（只能去两次：上午一次，下午一次）。然后给他们解释我们班级的目标是什么，我们会头脑风暴一下，在不同场景（教室、餐厅、课间休息）中应该如何实现这些目标。

8:40—8:50围圈数数　学生们围一个圈，逐个数数。我邀请一个主动的学生开始数，这个学生决定数数的方向（顺时针或逆时针）。第一轮从零开始数，下一轮从47开始数，再下一轮从85开始倒数。

8:50—9:00数学地毯格　我把数学地毯格分给学生，让他们练习从圆圈格走到地毯格。我会解释为什么我们要分这些格子（是为了确保我们都能完成），然后让他们从圆圈格转换到地毯格，练习几次，直到能成功地完成。

9:00—9:15 数学家做什么 我让我们班所有学生都假设自己是数学家。讨论何为数学家，全班头脑风暴数学家会做什么。在和全班分享之前，我会让他们先和身边的伙伴分享自己的想法，然后在备好的要点图上写下自己的想法。

9:15—9:40 数学家艺术作品 我向学生们解释如何使用我们一起制作的要点图来制作艺术作品、如何拿到需用的材料，然后动手去做。在他们开始前，我提醒他们可以和自己的同桌说话，但不要大声。必要时，才允许他们大声讲话。

9:40—9:50 练习排队 告诉学生他们的站队顺序，让他们练习几次排队。给他们一个挑战，即尽可能安静有序地排好队，同时告诉他们，我们马上要去体育馆了，现在在教室练习一下怎么以恰当的举止走进体育馆。

9:50—10:10 全校在体育馆集会 我们班的位置在右前方。

10:10—10:20 介绍作家的工作室 我解释一下，我们每天都要做的一件事就是写作。至于为什么要写作，全班可以进行头脑风暴（发散思维，提高我们的写作和阅读水平，练习拼写和书写等），我把大家的想法记录下来。然后，我们再来一次头脑风暴，独立写作是什么样的（不出声、眼睛看纸、用铅笔写等），最后，我把大家的想法写下来。

10:20—10:30教授三个独立写作的活动　我解释并模拟三个"供你选择"而且学生也能做到的写作活动（食谱、清单、诗歌）。每一种写作类型都给出例子，也可以拿学生举例子。学生们低声说着他们今天做的选择，拿出纸来，开始埋头写作。

10:30—10:40练习写作活动　学生练习写作，我在教室里走动，帮他们集中注意力，提出想法，夸奖他们学习努力，富有创造性。10:38左右，我会分享几件他们做得好的事情，把他们当成"优秀作家"。

10:40—10:55第一天大声朗读课　学生练习走到地毯格，一旦他们完成任务，我就读书给他们听。

10:55—11:00排队去听音乐　学生再次练习排队，去听音乐。

时长一小时的高中二年级代数课

课间时间　学生到达教室时，提醒他们看黑板，以便铃响后准备上课。我在黑板上列了四件他们那天必须做好的事情。

我准备好上课了吗？

1. 拿出昨晚的作业，放在讲桌上
2. 铅笔

第4章
备课与教学

3. 计算器

4. 白板用具（自己的白板、马克笔、板擦）

10:00—10:10 我走进教室，感谢学生做好上课准备，在黑板上写一个热身问题。学生们试着自己去解答，和身边的同学对比答案，之后我会随机挑一个学生把他们的答案写在黑板上，供大家讨论。学生们在解答问题时，我在教室走动，给学生们的作业完成情况打分，和学生单独讨论作业的完成情况，同时给出一些关于热身问题的提示。

10:10—10:15 按下"学生随机选择"按钮，在出勤名单上选出一位学生，上前解答问题。学生说出自己的解题方法，之后其他学生也要分享他们的解题方法。然后，让学生把白板用具放在一边，把作业放在桌前。

10:15—10:25 把作业的答案要点投到教室前面的屏幕上。我先大声读出五个答案，然后停下来，提出问题，继续进行，直到讨论出所有的答案为止。讨论他们提出的任何一个问题，在黑板上给他们解答，或者在教室走动着给他们指出错误并纠正。

10:25—10:40 给学生发放记笔记的纸，在进行简单阐述后开始上课。我在班上举五个例子，难度逐次递增。时不时停下来，问学生下一步该做什么以及为什么这么做。做笔记不只是为了听课，更是为了便于讨论。

10:40—10:45 把最后一个问题写在黑板上,请他们用准备好的白板用具试着自己去解答。学生完成后,核对答案。他们做对了,我会表扬他们,让他们把自己的白板用具收起来,发给他们活页练习题,让他们在剩下的时间里继续做题。如果他们做错了,我们一起找出错误,纠正,直到得出正确答案。

10:45—10:55 一旦学生们都有了活页练习题,我会在教室走动着检查学生的做题进度,回答学生提出的问题。

10:55—11:00 我把前三个问题的答案写在黑板上,让学生来核对,看看是否做对了。如果没做对,我会让他们发言,然后一起找到答案。

11:00 放学铃响后,在他们离开教室之前,我会祝他们在今天剩下的时间里过得愉快。

注重学生的参与

我们之所以把最少的时间放在所教的课程上,是因为变化时有发生。由于政策、领导阶层甚至政治环境的变化,课程会定期发生变化甚至彻底地改变。所以,在第一年,不要专注于你要教什么,而要专注于怎么教课。

第4章
备课与教学

我们知道，在你的职业生涯中，你会考虑使用一些行之有效的教学策略，但我们在这本书里只关注学生的参与。可以把学生参与定义为"学生在学习知识、理解技能、掌握手艺上的精神投入，意在提升学术成就"。研究发现，学生参与度高的班级潜力极大，弗雷德里克斯、布鲁门费德和帕里斯将其益处总结得很好："尽管学生一开始是因为喜欢才参与，但这个倾向最终会带来全身心的投入，还可能成为激发学生学习兴趣的关键所在。"

想象一下，两位不同的老师教两个班的历史课（会是什么样）。萨莫斯女士和杰克逊女士都是第一年当老师，她们在同一所学校，教同一年级的同一门课。走进萨莫斯老师的班里，你会看到，学生大部分时间都安静地在座位上抄写老师写在黑板上的笔记。之后，他们读课本，听老师讲课本的内容。在安静的阅读时间，萨莫斯老师总是会找出学生的一些行为不当问题，比如发短信、传阅笔记，有时候还拿自己开玩笑。学生不按自己的要求去做，她会很不高兴。她也已经忘记了自己当初为什么要教书，她甚至嘲讽地想："现在的孩子就是不想学习。"

但在楼下杰克逊老师的教室，却是另一番景象。学生也在摘抄笔记，听课，但是这些只占了课堂的15分钟，剩余的时间里，学生们在教室里四处转悠，对比着墙上大图纸上的历史事件，一起从课本上找到关于当天主题的重要细节，并利用技术设备查找一些和当天学习目标相关的最近发表的学术文章。尽管杰克逊老师觉得第一年过得不太顺利，但她终究很高兴，因为她几乎没处理过学生行为不当的问题，而学生在课上似乎也很投入。第一年总会花很大功夫，但她很高兴把额外的时间用来备课，因为她从中受益良多。

在这个例子中，你看到萨莫斯老师和杰克逊老师有很多地方做得不一样。在本章节，我们的目的是想要你专注在他们使用的参与策略上。萨莫斯老师的上课方式并没有让学生积极地参与到课程里，在她班里，学生被动地抄着笔记，默读课本，听着课。与此相反，杰克逊老师让学生满屋子转，给他们和同伴沟通的机会，将与文化相关的内容和课程融为一体。

虽然我们是拿杰克逊老师的班级举例，但不要认为你的班级每天也必须要那样。如何使自己的课吸引所有学生，取决于你的学生、年级、科目、自身管理能力的提高等。你也要清楚一点，上面的例子并不是说做笔记、讲课和默读不重要。有时候，学生的确需要做笔记，因为他们要学习课程知识，你也需要对他们加以引导。所以，不要争论这些教学策略重不重要，但要简单地问问自己："我今天要上的课，怎样做才能使学生们全心参与进来？"

把这个当作你每天教学的重点会有两大好处。第一，避免行为问题。如果学生对你的课感兴趣，他们就不怎么捣乱。萨莫斯老师的教学方法会

第4章
备课与教学

让学生感到很无聊,一旦感到无聊,那些厌学的学生就会尝试做一些扰乱课堂的事,因为他们觉得这样才会使他们更集中注意力(换位思考下,我们很可能也会做同样的事情)。然而,在杰克逊老师的班里,大多数学生都忙着学习,根本顾不得想其他事情。当你的学生积极投入到学习中的时候,他们就没时间给朋友发短信了。第二,研究表明,学生的参与度与学习成绩有很大关系。如果学生对你的课感兴趣,不管你教什么课,他们都乐意去学。作为老师,很显然,你的本职工作就是教育自己的学生,这是很了不起的!

现在该谈谈如何让课程富有吸引力。教学方法的学习应成为你不断追求的目标,可能你看到了报告厅那些富有经验的老师们的学生似乎每天都精神抖擞地坐在椅子上。你心里可能在想:"第一年我不可能做到这些!"请不要拿自己和你看到的那些既高效又富有经验的老师比较,因为他们的教学策略是教学多年后积累的成果。

然而,在计划课程的时候,请想一下:"在这节课中,我该怎么做才能让学生真正参与进来呢?"注意,我们只是先尝试一种方法。之所以这么说,是因为你在第一年教学的时候,只是刚开始学习如何高效地教学——而这是一项伟大的工作。所以,要从小事做起。例如,如果你在教一年级的学生一个阅读方法"拆词法",就可以教他们与该方法相配的手部运动,让他们在读到难词的时候,练习这个方法。如果你教的是七年级的几何学,就让学生把问题的答案写在自己的白板上,不用举手发言,这样每个学生都能回答所有问题,而不是只回答一个问题。如果你教的是高中音乐课,就用学生喜欢的与文化相关的音乐来教节奏或者和弦。

随着你在前几周和前几个月里不断成长,你的教学策略也会更加完善。这样,你就会更加专注于学生的投入和有效的教学策略。幸运的是,如果你从第一天起,就如此重视学生的参与度,你的教学肯定会更上一层楼!未来,你可以借助很多资源来完善自己的教学技能,包括学校的其他老师、教学教练、管理部门、推特、博客、网站以及出版物等。

如何使用课程体系

每所学校和每个地区的课程都不一样,有些学校坚持要你设置课程的时候留一些变动空间,也有些学校为你设置好课程,但你在使用的时候可以有一定的灵活度,还有些学校根本没有固定课程,所以你需要和你的团队负责找到最符合法定标准的课程。不管处于什么境况,你都要注重简化。

这些课程可能很好,也可能不太好,但不管怎么样,如果你有了课程,使用便是了。这不仅是因为你有义务去使用,还因为当你在开学前几周和几个月里进行教育探索时,使用现成的课程会更容易些。在第一年的开始,很多的任务和困难会让你应接不暇,所以,刚开始备课时,就大胆地使用学校提供的课程安排,或者找一些符合教学标准并且已经准备好的课程。随着对标准和课程的深入认识,你会越来越重视课程的内容。这是优秀的专家教师才做的事,但作为新老师,要慢慢来。现在还不到你写出全世界最具有创造性的教学计划的时候,现在你需要学习使用别人的专业知识来帮助自己保持优秀,包括你的同事(队友)、所在地区的课程撰写者以及出版机构。

不要只关注课程,而要相信自己的学生能达到更高的目标。不要因为你认为自己的学生胜任不了,或者你的同事说你的学生不够聪明,就准备一些"肤浅"的课堂内容。相反,应该注重使用辅助材料,或者提供必要的支持来帮助他们达到更高水平。你可能是学生人生当中唯一一个真正相信他们可以达到高水平的人,所以不要成为妨碍学生变得更优秀的绊脚石。

当你为开学第一天做准备时,我们建议你把计划精确到分钟。提前预想一下当学生第一次进入教室后他们会做什么,当他们完成手上的任务后会做些什么,以及当只有五个学生自愿到黑板上做题时剩下的学生会做什么,等等。你应尽可能地减少"自由时间",并且针对那些会提早完成任务的学生准备好应对计划。你可以让他们做各种其他的活动，但切记这些活动应该是能够帮助他们拓展学习、提升个人或社交能力的，而不是单纯为了让他们不要"闲着"而塞给他们的任务。你应当鼓励高效行为，而不是阻挠它。

> **想一想**
>
> 在为开学后的第一周准备课程时，要将学生的背景、能力、身份和经历的多样性考虑进去，这有助于你打造高度参与且受欢迎的课堂，这是非常重要的。无论你任职的学校是在城市还是郊区，你都会面对一班有着不同思维方式、不同生活经历的学生。想一想你可以采取哪些步骤来了解作为复杂个体而非只是学习者的学生？怎样做可以将学生的不同性格和差异变成经营课堂的财富？如何把他们的生活经历融入你的课程设计和教学中，或者至少是体现在你们的日常互动中？

第2部分

学生到校后,该做什么

第5章 课堂管理

对大多数第一年教学的老师来说，课堂管理是决定成败的关键。如前所述，课堂管理是最让老师头疼的难题之一，但这不该发生在你身上。我们之前所做的，就是为你准备课堂管理打下基础，我们也已经介绍了一些方法来准备布置教室、制定流程和规则。现在不要只把学生看作学生，他们也是需要适应社会的人，所以你必须思考如何教他们团队合作、尊重他人、听从指挥以及简单的行为举止。作为一名管理者，取得成功最大的条件是以下三件事情：建立良好的师生关系、提出更高更具体的要求、保持一致性。

建立良好的师生关系

我们用一个简单的建房子的比喻来帮助你理解课堂管理的含义。首先,从建立关系开始。和学生建立关系,就像建房子一样,要打下坚实的地基。只要按照正确方式来建造,无论是风和日丽,还是狂风暴雨,这种地基都会坚不可摧,屹立不倒。你的班级也是这样,按照正确方式建立的良好关系,会在你状态最佳时给你锦上添花,同样,在你状态最差时班级也会保持凝聚力。据教育家艾莫尔和撒柏林称,在课堂管理这方面,和学生建立积极的关系是一项基础的预防措施。他们还提到,研究表明,积极的师生关系不仅给学生的态度和学习带来积极影响,也与老师的职业倦怠和对工作的整体满意度有直接关系。

因此,在计划如何建立这些至关重要的关系时,要确保自己有正确的核心理念。**每个学生都很重要,都具备学习能力,你必须真正带着这种信念投入教学**。根据卡罗尔·德韦克的《终身成长》一书中的一项调查,拥有成长型思维或者说相信所有学生的认知能力能够提高,会直接影响到学生的学习成绩和平时表现。如果你不相信他们,他们知道之后就发掘不出自身未知的潜力。想一想,你真的愿意让别人认为你不配教课或者教不了课吗?当然不愿意!

第5章
课堂管理

建立师生关系到底该怎样去做呢？可能你有很多次听过建立关系是多么重要，但还是搞不懂到底应该怎么去做。关于如何与学生建立关系，你可以求助博客或者身边的人。可能会有人告诉你一些方法，比如在开学第一天做各种"认识你"的游戏。第一天过后，虽然学生很喜欢玩这些游戏，你也知道了一些关于学生的有趣信息，但是你的工作还远没有完成。实际上，建立关系不只是简单做一些"认识你"的游戏，从开学第一天一直到学生离校那天，这期间每次和学生交流都是一次建立关系的机会。如果你能一直让学生感到你在聆听和关心他们，就会找到建立这种重要关系的正确方法。

最重要的事情是要记得与学生建立关系不是一项任务。它不是一个简单的"发现学生特点"的游戏。从开学第一天到学期结束的那一天，你与学生的每一次互动都是在建立关系。如果你平时就注意倾听、在意和关心学生，那你离与学生建立起重要的关系就不远了。要记得与学生的关系也包含教与学的关系。当教师和学生通过教学建立关系时，这就是教与学的关系，这是一种强大的关系。它和其他类型的关系一样，不一定是即时的，而是随时间推移逐渐建立起来的。你们建立的这种联系越深，它就越能帮你们抵挡住学年中可能发生的一些不愉快的事情所造成的负面影响。

下面是一些老师与学生建立良好关系的基本方法：

- 早上在教室门口或者上课时面带微笑问候学生，让他们知道你很高兴他们能来上课
- 定期表扬学生取得的成就（可以是一个简单的击掌动作，或者一次特殊谈话）
- 不要太大声喊话或嘲笑他们，要尊重他们
- 如果你发现某个学生在课堂上或者作业上有些跟不上了，私下里和他们谈一谈。问问近况，以及是否有你可以帮上忙的地方
- 问学生一些与他们生活有关的问题
- 听他们讲故事
- 在学生课桌上留一张私人纸条，指出他们那些做得好或者你欣赏他们的地方
- 让家长也表扬自己的孩子
- 提醒学生，你每天都在关心他们

无论你的学生年龄多大或读几年级，建立师生关系都是打造高效课堂的关键一环。上面列出的只是一份基础的策略清单，随着你教学时间的积累，这份清单上的内容会变得更多、更丰富。我们建议你可以在每个策略旁边用标注一颗星到三颗星的方式来区分等级，方便你在开学后的头几周使用。逐渐地，你就可以自然熟练地使用它们，并能够在这份清单里添加

更多的策略。要时刻提醒自己，每一次的互动都是在建立师生关系，所以要认真对待你与学生相处的每时每刻。

对学生提出更高、更具体的要求

既然你已经知道如何建立师生关系了，我们就来讨论一下对学生的表现提出更高、更具体的要求的重要性。回到建造房子的比喻，我们知道建立关系能够打下坚实的地基，那现在就该建房子了，你每天会看到这栋房子，也会住在里面。我们都知道，要想建一栋既稳固、功能性齐全又宜居的房子，你要先打好坚实的地基。那么既稳固又实用且令人满意的课堂是什么样子呢？是你在上着重要的识字课，小朋友们却满地爬吗？还是十年级的学生本来应该在分析诗歌，却在闲聊昨晚的派对吗？都不是！**对学生提出更高、更具体的行为要求，是高超的行为管理技能的体现。**

教育家布里奇特·哈姆雷和罗伯特·潘恩塔认为，对学生提出较高的行为要求，对于维持积极的师生关系至关重要。虽然你提出的要求可能并不适用于全校的学生，但你至少要对自己班级的学生有所要求。如果你不要求学生在课上安静地坐着，他们就不会安静地坐着。如果你不要求十年级的学生专注于一项任务，他们就不会专注。**作为老师，你要对学生的最佳行为举止有所期待，并且要解释清楚它是什么，以便大家都能明白行为**

的对错。

在前面关于流程和规则的章节里，你已经想好并选定了自己的流程和规则。现在，我们要确定你对那些流程和规则的遵守提出了更高的要求。约翰逊先生和洛根女士都在一所市中心的学校教授八年级的社会学，他们所教的科目和学生都一样，甚至连学生要遵守的流程都一样，比如，学生在课上可以随时从教室公共铅笔盒里拿出已经削好的铅笔来用。

一天，约翰逊老师参加教师会议，他表示自己不知道该如何处理学生去拿公共铅笔的事，为此很苦恼。洛根老师却觉得这很奇怪，因为她喜欢这个流程，并准备在下次教工会议上将该流程分享给全校教师。为什么他们执行的效果有如此大的差别？主要的区别是他们两位对于流程的要求不同，传达给学生的方式也有所不同。

约翰逊老师在介绍这一流程时，只是简单地告诉学生，他们可以在任何时候站起来去公共铅笔盒处拿一支削好的铅笔。洛根老师也是这样告诉学生的，不过，她还加了一点，必须悄悄地去做，从课桌后面走，以免分散其他同学的注意力。最主要的区别在于，洛根老师对流程的完成有着更高的要求。因此，从第一天起，她的学生就知道他们可以随时去拿铅笔，但不能打扰到别人。然而，约翰逊老师的学生只知道他们可以随时去拿铅笔。虽然两个班级的学生都遵循着老师的要求去做，但是老师对于完成度的要求不同，导致了结果不同。

既然你知道了如何清楚地传达你的要求以及一般要求与高要求的区别，想想你所选择的流程和规则，然后详细描述一下你有什么具体的要求。如何让学生融入课堂呢？让他们跟同学聊天，还是安静地做自己的作业？你会瞧不起学生，还是会因为他们勇敢尝试而称赞他们？你会听信学生自身对正误区分的理解吗？你会教他们或者亲自示范如何正确处理突发情况吗？你对学生要求的高低以及如何将这样的要求清楚地传达给学生，决定着学生的行为表现。记住，课堂就是你每天都要生活在其中的"房子"，所以要确保它能长久保持下去。

期待	提高期待	明确期待
在课堂上学生随时可以去公共铅笔盒处取铅笔。	在课堂上学生随时可以去公共铅笔盒处取铅笔，但要从桌子后面走，并且不要影响到其他同学。	让学生演示他们取铅笔时会走的路线。对在课堂上做得好的学生提出表扬。

保持管理规则的一致性

想象一下，你已经建好房子了，房子的地基很坚固，外墙和前门廊很漂亮，你非常喜欢住在里面，一点儿不想搬出去。后来有一天，楼上洗手间的一个水龙头漏水了,你心里想:"嗯……原来是水龙头漏水了,事儿不大,有时间修修就好了。"两周后,你发现水龙头周围积聚了大量的水。即便你很失望,也仍没把它当回事儿,决定下次再修。一个月过后,你发现天花板湿透了,现在不得不处理坏了的水龙头,还有被浸湿了的地板和天花板。那时候,你才后悔没在刚开始发现的时候就修好那个漏水的水龙头。

这个故事是建房子比喻的续集。地基就是师生关系,每天住的房子就是我们对学生的要求。现在我们如何维护好这栋房子呢?那就是做好定期的基本保养。对课堂而言,定期的保养指的是一致性。师生关系和课堂要求都需要连贯,因为只有你知道必须像定期维护地基那样维护房子的时候,你才能保持一个良好的状态。

虽然戴维斯女士第一次当老师,但是到十月中旬她就完全适应了。虽然前几周有点不太顺利,但她觉得自己大概在九月中旬就找到了最佳状态。她觉得学生在开学后前一段时间过得很顺利,而且自己也尽力解释了流程和规则——似乎学生也都明白了。但是最近,她的学生开始回到新学年最初那会儿的状态了。她在要求学生纠正自己的行为举止时,学生却在背后议论她,他们甚至在上课的时候削铅笔,发出扰乱课堂的噪声。戴维斯老师已经把想教的都教给了学生,但是班级突然之间变回到让她感到

第5章
课堂管理

很沮丧的状态。

虽然戴维斯老师已经努力建立了良好的师生关系，清楚地解释了所有流程，但在实施这些流程时，她忽略了一个要点：一致性。她对自己之前所取得的成就已经很满足了，因此没有把这两件重要的事持续下去：一是保持高要求，二是建立良好的师生关系。

要记住，像这样的情况，学生一般不会从最佳的行为直接发展到失控的行为。更可能的是，他们是一步一步慢慢地滑落到现在的状态。很有可能戴维斯老师规定学生必须做到举手发言，开始时执行起来很简单，但有一天，非常有责任心的詹姆斯很兴奋地打断了老师，不过他很快纠正了自己的行为，说："对不起。"但这时，另一个头脑机灵的学生又说了一些话，引发全班哄堂大笑，很快，大家都习以为常了，其他学生逐渐也学会了插嘴。终于，戴维斯老师忍不住了，于是就用一种很愤怒和严厉的方式让学生遵守举手发言的规则。学生们不以为然甚至叫板——其他人也在这么做！事实也的确如此。戴维斯女士并没有持续执行这一规则，导致遵守这个规则的学生越来越少，最后也就没有人再遵守了。

那么，戴维斯老师本该怎么做才能让新学年初的成功持续下去呢？绝不是对学生的第一次插嘴视而不见，而是用多种方法来解决这个情况。比如，她可以走近詹姆斯，拍拍他的肩膀，让他改正，或者花时间私下和他聊聊。只要处理得当，学生就会遵守这些规则。

戴维斯老师也应该反思一下自己和詹姆斯的关系。虽然她知道自己已经和他很快建立了良好关系，但是她有没有努力维持这种关系？她有没有一直跟他打招呼？有没有一直称赞他学习努力？有没有一直跟他提起自己关心和信任他？反思之后，戴维斯老师意识到，自己只在前几周是这么做的，之后由于过得太顺利就忘了继续保持这种做法。学生觉得你作为老师都不在乎，他们就更不在乎了。

之前提到建房子这个比喻的目的是确立有效管理课堂的思维方式。当你计划并开始教学生涯时，如果想让你的班级达到你的期望值，要记住三个重点：建立师生关系，提出更高、更具体的要求以及保持管理规则的一致性。不管遇到任何挫折和困难，都要反思你是否忽视了这三点中的哪一点。是忘了用高要求打造坚实的房子框架吗？是厨房漏水没有叫水管工及时修理吗？还是你的地基没打好，导致整栋房子都塌陷了？理解了这个比喻，你就建立了准备课堂管理的正确思维方式。

为学生做出改变

保持一致性并不代表老师不能改变，这看起来很矛盾，但其实一点不矛盾。

第5章 课堂管理

　　如果班上的学生年龄够大，自己可以削铅笔，而且技术的不断发展导致使用铅笔的学生越来越少，那么就很有必要对规则进行调整，从而制定更加合理的要求。然而，如果你开始向某个方向调整，而你的耐心又变得更少时，不要做出过度反应，导致自己又突然回到之前的状态。这对学生不公平，也会破坏好不容易才建立好的师生关系。

　　最后要记住，很多第一年教学的老师很有可能会遇到需要特殊照顾的学生。虽然个体千差万别，但你仍然应该制定基本的课堂流程和要求让学生遵守，只是你需要根据学生的能力来做出调整。像这样的情况，公平不等于平均，但是你必须要有合适的组织结构来进行课堂管理，让学生取得成功。同时要记住，不要因为学生需要特殊照顾就给他们找借口，那样真的会伤害那些学生，因为即使他们的表现低于真实水平，他们也觉得心安理得。因此，你在为这些学生做出必要调整时，不要因为他们接受的是特殊教育就找借口。别忘了之前提到的：每个学生都很重要，都具备学习的能力，不要让你的借口成为阻碍学生充分发掘自身潜能的绊脚石。

　　不管你教哪一年级或哪一学科，确立正确的思维方式是课堂管理取得成功的关键。良好的关系能巩固根基，清晰的高要求能确保"教室"让老师和学生都感到舒适，一致性能在必要时维护师生良好关系的根基和对学生的高要求。有了这三点，你就能构建像家一样安全舒适的课堂了。

> **想一想**
>
> 你认为以下三个方面哪一个是你的强项:建立师生关系、对学生提出高要求和保持课堂管理规则的一致性?哪个方面是你想要提高的?如果你在课堂管理方面碰到了问题,我们建议你可以想一想那个"房子"的比喻,它可以帮助你把问题缩小到你需要调整的某个具体方面。

第6章　重新考量对学生的期待

你可能会感到奇怪，第2部分的主题明明是"课堂管理"，为什么我们又谈到了课堂流程和课堂规则呢？让我们简单地解释一下。提到课堂管理，大多数人想到的是引导学生改变行为或者对学生的行为进行回应。这自然是课堂管理的内容，但我们还想请你从更广义的角度来理解一下课堂管理。

课堂管理包含管理学生的行为，但如果你可以花更少的时间管理学生、花更多的时间教学会怎样呢？如果你在进行课堂管理时首先对课堂规则、流程和要求进行了管理呢？如果你在强调课堂规则与课堂流程时，能够重新考量对学生的期待，并让学生清楚地知道你对他们的期待，那么管理学生行为的难度也会大幅度降低。本章内容将帮助你花更少的时间更好地管理你的课堂。

有成效的流程一半要靠老师的认真思考和准备，另一半则要靠老师的执行，但后半部分要等学生到校后才能实现。教师清晰地教学和连贯地执行流程是至关重要的，这就是为什么需要采用流程化的做法。我们想象一下开学第一天，第一批学生走进大厅，你已在门口等着跟他们打招呼。你需要宣布的前两个流程是学生该如何进入教室，进入教室后该做什么。从学生进入教室的那一刻起，你就要开始把你的要求告诉他们。

如何与学生有效沟通

下面的例子讲的是第一次和小学生的有效沟通（保持自信的微笑——记住你是老师）。"大家早上好！我是威特克尔老师，今年由我来给你们上课。很高兴见到大家！今天早上，有两件事情需要你们完成：第一，把你们的背包放到自己的储藏柜里；第二，找到贴有自己名字的座位，开始早读，不许说话。你们能重复一下以后每天早上都要做到的两个要求吗？"（学生重复了一遍）"太棒了！你们今年都会成为优秀的学生！"

下面的例子讲的是第一次和初中生的有效沟通（像上面的例子一样，仍要保持自信的微笑）。"大家早上好！我是威特克尔老师，这学期由我来给你们上代数课。请找到座位坐下，开始安静地填写桌子上的学期初调

第6章
重新考量对学生的期待

查表。"

虽然这两个例子不同，但我们想让你看到两者的相似之处。这两种情况下，威特克尔老师都在告诉学生两件事情：进入教室前对他们的要求以及班级氛围是怎样的。威特克尔老师面带微笑，清晰有力地阐述对学生的要求，这点已经表明她非常关心学生，并且做事有条理。卡尼和麦克罗斯基发现"那些认为老师果断、从容、富有挑战性以及充满活力的学生，对老师、班级和学科内容能产生更大的影响，并能够更好地进行自我行为约束"。尽管初次见面时你就想表现得热情友好，但在新学年的前几分钟、前几小时、前几天你也应该时刻表现得充满自信。

学生对你的第一印象很重要

学生的直觉很敏锐，学生对你的第一印象对新学年的前几天和前几周非常关键。虽然我们已经举了两个例子，但你需要对其做出调整来适应自己的情况。有时候你给五年级的学生上完课后，不必让他们重复每次进教室后的要求，因为他们足够独立了，或者你教的十二年级学生能够从那种常规的提醒中获益。不管怎样，重要的是时刻谨慎，并尽可能清晰地表达自己的要求。如前所述，以紧凑的节奏开始比以松散的形式总是更容易一些。

练习课堂流程的5个步骤

在前几天和前几周,每做一次活动都要解释(可能要重新解释)一下你的流程。不管你教一年级还是十一年级,一定要告诉学生该如何完成你交给他们的任务。记住,先紧后松比先松后紧更容易一些。所以,在班上介绍流程规范的时候,要遵守以下几个步骤:

1. 告诉学生们需要完成的任务
2. 示范该如何完成任务
3. 找几个学生示范或者解释该如何完成任务
4. 分小组完成该任务(可根据任务和学生独立的程度跳过)
5. 让全班一起完成该任务(在任务完成后)

★如果学生没有完成第一步,就一直重复练习,直到完成为止。

注意,从一开始,我们就要通过言语和行动清晰明确地表达我们的要求。一旦我们认为已经解释得够清楚了,就请一两个学生亲自示范,这么做是为了确保学生能理解我们的要求,同时也让那些没有示范的学生有机会看看同学是如何完成要求的。学生在示范的时候,我们要讲明学生做得好的地方。如果有学生做错了,我们要和善地纠正他,然后让他再做一遍。例如,"我喜欢詹妮安静地走向自己的储藏柜。詹妮,你可以用另一

第6章
重新考量对学生的期待

种方式绕着教室再走一遍吗？我觉得那样在同学整理书包的时候就不会妨碍到他们。"我们并没有批评詹妮，但在解释了原因和强调该如何完成后，我们让她又做了一遍。然后，我们分小组完成，如果小组的学生在这几天里都能顺利完成，我们会让整个班同时一起完成（虽然这种方式只适用于一种情况，即你对全班学生能在更加宽松的环境下顺利完成充满信心）。

你可能觉得自己的学生是高年级，有一些事情不太适合他们做，比如做示范，指出别人哪里做得好等。许多初中老师错误地认为学生知道做什么。如果学生不知道正确的方法，那么要达到你想要的效果就会很困难，所以你现在必须纠正他们，而不是强制要求他们遵守流程。在这一点上，你可以相信自己的直觉，但是要记住，一开始要求严格，随后再适当放松会更容易操作些。下面的两个例子是有关如何教小学生和初中生练习流程的，请认真思考这些老师是如何解释、举例并用言语来帮助自己的学生正确遵守流程的。

史密斯先生教二年级，他的学生在学习如何正确地按顺序排队。他把排队顺序贴在黑板上，清楚地说明学生需要完成的任务。"同学们，现在我们要去吃午饭了，我们要在教室门口练习排队。我们要安静地从座位上站起来，把椅子放进去，静静地走到排队区，我会给你们做一下示范。"史密斯老师做了一次示范，接着让学生说出完成该任务的关键所在。接着他说道:"既然你们已经知道怎么排队了,那么有人想主动给大家做一次示范吗?德文特,谢谢你举手。你可以给大家展示下二年级的学生该怎么排队吗?"德文特在示范的时候,史密斯老师表示自己很喜欢德文特做的示范。"哇,看德文特放椅子的时候多么小心,又多么安静地走到排队区,我几乎听不到他走路的声音!"德文特回到座位后,史密斯老师叫另一个学生做示范,这一次,他要求其余的学生指出新同学做示范时表现好的地方。最后,他给学生按桌子分组,但在这之前,他是这么鼓励学生成功做到的:"我看到我们班的学生非常棒,现在我们可以去排队吃饭了!但不要忘了哦——我会看哪些学生能安静地从座位上站起来,把椅子放进去,又安静地去排队。哪一小组认为自己做得最好呢?"等每个人都排好队了,史密斯老师才会解散小组。

上面的例子非常适合那些低年级学生,因为他们需要非常明确的要求和清晰的说明。那些高年级的学生呢,或者是那些不需要重复多遍但需要多方面指导的学生需要怎么示范呢?洛根女士是八年级的社会学老师,她在教学生每天如何打分和上交自己的计时器。"每天你们都会带着计时器来上课,或者走进教室的时候,要花5分钟完成黑板上的任务。"洛根老师一边继续解释着流程,一边四处走动、示范每个步骤,同时,她还参考自己列在黑板上的步骤。"如果你们在倒计时5分钟结束前就完成了任务,

第6章
重新考量对学生的期待

我会让你们核对答题卡上的答案,答题卡正面朝下放在教室前面的桌子上。如果做对了,就把自己的计时器放到作业箱里;如果没做对,就回到座位上,解释一下为什么自己写在纸上的答案是错的。交完作业后,你就可以安静地坐在座位上读读写写。5分钟一到,我会收齐所有的作业。"

洛根老师发现自己解释了很多步骤,她意识到,让学生复述自己解释的内容非常重要。"有人可以用自己的话说一下,如果不到5分钟就完成了刚刚的步骤,还要做什么吗?"如果学生能顺利地复述出来,她会继续问每一个不同的步骤。如果学生复述不出来,她会重新解释并示范所有步骤,然后再让学生复述。在让学生示范步骤之前,她重申她的高要求。"同学们,流程里最后一个非常重要的部分就是,全程务必要保持安静,我们大多数的计时器会独立工作,我希望每个人能尽可能集中注意力,不分心。"现在,她知道整个班准备好了要使用计时器来做练习了。首先,她让一两名学生示范核对作业并回到座位。她决定跳过第四个步骤"小组完成任务",因为她对学生表现的独立程度感到很欣慰。

在全班练习的时候,洛根老师在教室里四处走动,安静地指出学生们做得好的地方,提示学生忘记的步骤。"撒拉,你用紫色的钢笔打分啊!太棒了,我也想有一个。""雅各布,你写的字比我写的还要好看。你写的作业那么整齐有条理,谢谢你哦。""泰勒,你那么快就完成了,谢谢你努力完成作业。你在读什么书呢？读得怎么样啊？"注意洛根老师是怎样强调她发现的好行为的，她并非说得那么直率，而是用一种更委婉、慎重的方式。"撒拉，谢谢你用紫色的钢笔打分"，洛根老师做的这个评论是为了建立良好的师生关系，她在向学生强调她发现的正面行为。她清楚学生们最喜欢老师给出什么反馈，并将其直接运用到上面的场景中。

　　5分钟过后，她收齐了作业，然后让学生反馈哪些地方做得好，哪些地方下次要改进。这些反馈可以是整个班做得好的地方，也可以是某个学生喜欢该活动的地方。"刚才教室里所有人都非常安静！""下次的改进也可以是整个班或者某个学生需要改进的地方。如果我们都同时做题，寻找答案，大家就不会相互干扰，你们觉得这样会更好吗？""我要记得给同学们带一本要读的书。"尽管有些学生在使用计时器做任务这方面很顺利，但总有几个学生不顺利，于是，洛根老师决定试试，用一个不同的问题来确保每个学生能准确地知道老师的要求。"你们所有的反馈正好切中要害。我准备了一个很厉害的问题，这样我们可以多练习一遍这个流程。我希望这次能有所改进，明天，我们就能玩真的啦！"

第6章 重新考量对学生的期待

> **想一想**
>
> 当你为课堂设置规则时,我们希望你能思考一下,应该如何让学生了解和练习它们,才能最有利于学生的发展,并兼顾到不同学生在能力、文化和语言方面的差异。你将如何根据你班上学生的具体差异来拓展或改良我们提供的方法步骤?如何在你的方法中融入视觉、身体语言、口头指示等元素?

第7章 管理好你的学生

管理好你自己

在讨论如何管理你的学生之前,我们希望你能明白,**无论处理何种行为,第一法则就是管理好你自己**。你会注意到,在几乎所有的场景中,我们都希望你应该是"冷静的"、"坚定的"或者"自信的"。你没有办法控制每个学生做的每一件事,但是你能控制你自己做的每一件事。美国加州圣克拉拉大学的汤姆和玛莎·萨维奇在他们的著作《成功的课堂管理:如何培养学生的自控力》中论述了为什么教师必须"尊重学生"。他们提出,教师必须"尊重学生"有两个理由:其一,尊重学生是我们教师的道德义务;其二,因为学生觉得没必要进入防御状态,这样就避免了学生发生"反击"行为。作为新老师，能做到尊重学生的最佳办法就是管理好你自己。

因此，当你读到不同的行为情境和管理技巧时，请记住，你的做法和处理方式能决定情况是好转还是恶化。作为老师，你对学生的行为确实有非常大的影响力，但对你自己行为的影响力却是百分之百。先从自己做起，通过这一章去反思你之前持有的关于学生行为管理的观念，做好心理准备，要么强化，要么重新树立关于如何管理学生的观念。请一定记住，管理课堂是从管理你自己开始。

另外，请永远不要忘记，无论碰到任何情况，在课堂上你才是成年人，你的行为必须符合以下标准。管理学生时，成年人应该做到不争吵、不嘲笑、不自贬身份，成年人还应该不积怨。就像我们犯错后希望得到他人的原谅一样，学生也希望老师能原谅他们。如果学生有时候表现欠佳，你恰当地处理之后就要回归正轨。如果只是一件小事，可能只需要一分钟就能回到正轨，如果是很严重的问题，可能就要花一两个小时才能恢复正常课堂秩序。不管是哪种情况，都要记住，每天都是新的一天，不管前一天学生们干了什么，他们第二天都应该在课堂上受到老师的欢迎。你是成年人，你必须做学生的楷模。所以，不争吵、不嘲笑、不说贬低身份的语言，特别是不能积怨。

第7章
管理好你的学生

在我们开始课堂管理之前，记住下面这一点很重要：虽然有很多行为管理的方法和技巧，但在课堂管理中没有必胜的"高招"。本章要做的就是教给你大量实用的行为管理"妙招"，充实你的教学"百宝囊"。你要时刻记住，没有一种应对方法能适用于所有学生和所有情况，我们只希望为你的教育生涯提供好的开端和坚实的基础。接下来，在你从教的第一年，还有后续的很多年里，你会从自己的教学经历、调研成果还有同事那里学到很多新"妙招"。下面我们来看看你在最初的课堂管理中能用到的一些策略。

当学生遵守规则时

既然明白了成功的课堂管理所具备的条件，现在就该想想两个重要的问题：

- **如果学生遵守规则，你会怎么做？**
- **如果学生不遵守规则，你又会怎么做？**

注意我们不是在讨论遵守流程的问题，这一问题会在后面讲到。我们讨论的是规则——你要求学生在班里时刻遵守的规则。课堂管理就是预防，因为没有事后再应对突发问题的完美做法。所以，第一个问题的答案是最重要的，因为你每天都要依靠它来行事。影响学生行为的关键，不是在他们行为不当的时候应该做什么，而是在学生举止得当的时候应该做什么。每个班里大多数学生在大部分时间都是举止得当的，现在的问题是：我们可以做什么让更多的学生在更长时间内举止得当呢？

老师可以使用不同的策略来鼓励积极正面的行为和处罚消极负面的行为，每一种策略都蕴含着哲理。第一年当老师，你还没有形成成熟的理念，因为你还没真正上课呢。

因此，你需要关注那些能做到以下两点的策略：

- **着重强化正面行为**
- **处罚不当行为**

不管采用的是什么管理策略，你必须把鼓励好行为置于核心位置，否则，在学生行为不当时，你做什么都毫无意义。作为老师，你应该重点关注大部分时间班里积极正面的行为。这样，就可以营造温馨的班级氛围，因为你需要用一种积极的方式管理学生的行为。另外，强化正面行为会让老师更加有效地管理班级（处罚则会起到相反效果），因为使用处罚时要前后连贯才管用，而正面强化即使中间间断也会很有效果，所以在分析自己想到或发现的不同策略时，总要想想该如何使这些策略强调积极正面的行为，因为积极向上、相互帮助的班级氛围会让你感到骄傲，学生也会茁壮成长。

第7章
管理好你的学生

下表提供了一些强化正面行为的方法。有些方法是无需准备随时可以做的，有些方法则是需要提前做一些准备的。

简单易上手、无需准备工作的方法：	简单易上手、需要做准备工作的方法：
口头表扬	友善的便条
微笑	自由时间
鼓掌	自由选择活动
公开认可	星星表
眼神鼓励	零食奖励
竖大拇指	与教师共进午餐
握手	给家长打电话表扬学生
击拳	向同事夸赞学生

当学生不遵守规则时

"当学生不遵守规则时，该如何应对"，接下来的这个话题可能会让所有教师都略感头痛，不论他们有多少年的教学经验。学生有可能是无意违纪、被动违纪或者有意违纪。无论是哪种情况，教师都需要考虑如何针对这些情况采取（或不采取）行动。这对新教师和老教师都是一个让人头疼的难题，因为预测学生的行为，尤其是预测他们对纠正指导的反应可不是一件轻松的事。本书的作者之一凯瑟琳在成为教师后的头几个月甚至自动忽略了所有纠正指导，因为她对此深感恐惧。她对学生可能出现的反应特别害怕，因此在长达几个月的时间里她选择了无视学生那些小的违纪行为，但最后班里变得非常混乱。我们希望你可以不再重蹈覆辙。

为了让你在学生不遵守规则时能成功应对，我们想先来谈一谈"技巧工具箱"。当学生违纪时，无论何种违纪方式，教师都可以在这个工具箱里调取应对技巧。比如，教师正领着五年级学生排队前往学校食堂，队伍中有一名学生在讲话，此时教师就可以从工具箱中调取应对技巧了。他可以训斥学生，可以用眼神提醒学生，也可以让队伍停下来并让这名学生站到队伍最前面去，或者可以无视这名学生，等等。这个工具箱有点像一个魔法袋，里面的技巧是无穷无尽的！当然，重要的是，每位教师工具箱里的技巧种类和摆放方式都是不同的。有的教师可能把"训斥"放在工具箱的最上层，每天迫不及待地都要拿出来用一下；有的教师可能永远用不到"训斥"，因为在它之上还堆放了很多其他的技巧。本章的目的是帮助你

第7章
管理好你的学生

做到两件事：整理你的技巧工具箱，并了解如何正确使用这些技巧。接下来我们会介绍一系列我们建议你放在工具箱最上层的技巧，并谈一谈如何最有效地使用它们。

首先让我们来整理规划一下你的技巧工具箱。当你选择技巧时，最重要的是要记住，无论你要处理的是何种情况，你的目的始终是使危机降级，越少的学生牵扯进来越好。优秀的教师永远是缩小问题，而不是放大问题。有很多技巧可以帮助你达到这个效果。我们想先介绍我们推荐给新教师的三个技巧，这三个技巧可以放在技巧工具箱的最上层：无视、若无其事地靠近和引导学生融入。如果教师能够谨慎使用这三个技巧，那么他们就能够在稳住局势的同时解决学生小的违纪问题。我们在表格中列出了使用这些技巧时"应该做的"和"不应该做的"，因为如果使用不当，即使是精心挑选的技巧也有可能会起到反作用。

技巧1：无视

午餐时间结束了，你已经上了10分钟的大课了。学生们都在认真上课和记笔记，这时亚历山卓突然起身，手舞足蹈了3秒钟后坐下。你用余光瞥到有5个学生转过去看了他，还有2个学生大声笑了出来。

正确示例：不要生气，不要让他打断你正在做的事、正在说的话和正在进行的课程。不要与亚历山卓有对视，甚至不要往他坐的那一片看。让那些学生笑完，然后像什么也没发生一样继续你的课堂。	**错误示例**：你停下了正在做的事，这意味着全班学生也停下了正在做的事。你什么也没有说，但是瞪了亚历山卓一眼，然后你继续上课，并且还非常生气地当着所有学生说"我们不管他……"。这下亚历山卓得到了他想要的关注，并且可能会寻求更多的关注。

实施建议：无视代表你要真正地做到无视。你要假装什么事都没有发生。如果他们的行为无法影响到你，那就更无法影响到班里的其他同学了。

技巧2：若无其事地靠近提醒

你刚刚让学生们有序坐好，他们都在安静地完成自己的功课，这时你注意到学生凯思琳开始和朗夫讲小话。你知道学生们是清楚"在课堂上不能随意讲小话"的要求的，因为你让他们每个人在进教室前都跟你复述了这个要求。当你注意到凯思琳在讲话时，你决定试一试"若无其事地靠近提醒"这个技巧来解决这个问题。

（续表）

正确示例：你慢慢地朝凯思琳座位的方向走过去。在这个过程中你不用看凯思琳，而是关照你路过的那些学生。你跟他们打招呼、回答他们的问题等。在走向凯思琳的过程中你的第一任务是要表现得尽量平静和"正常"。当你走到她的座位旁边时，你用对待其他学生的方式对待她，跟她打招呼、问问她是否需要帮助等。这种方式使你并没有区别对待她，同时也巧妙地提醒了凯思琳，并阻止了她讲小话的行为。	错误示例：你把靠近凯思琳并阻止她讲小话作为头等任务，你径直朝她的座位走过去。在走过去的过程中你也一直盯着她。你这种直接的靠近和紧盯凯思琳的眼神吸引了其他几名学生的注意力，他们开始关注你的动向。此时你的第一任务从"所有学生完成好自己的功课"变成了"某一位学生"。当你这样做的时候，凯思琳也会注意到，并且会感觉到可能有半数同学都在看她。你虽然使用了"靠近提醒"这个技巧，但是方式非常生硬和不自然，并且把其他原本没有注意到这件事的学生牵扯了进来。

实施建议：如果当下不适合用这个技巧，那就不要强行使用，比如当你与一个小组的学生坐在一起上课时，就不适合使用这个技巧。当你是站着的，并且可以随意走动的时候，这个技巧是能发挥最大价值的，比如当进行小组讨论、小组活动或者当学生独立完成任务时，你就可以适当使用这个技巧。

技巧3：引导学生融入

你正在上课，艾朵拉完全没有在听讲。她没有做什么打断课堂的事，但是她也没有听讲，没有记笔记，也没有看着你。你清楚这可能很快会带来一些问题。

正确示例：你对艾朵拉的同桌杰登进行了提问，"杰登，你来回答我的一个问题，然后是艾朵拉，做好准备。"你在说的时候非常平静，面带微笑。选择杰登进行提问有两个原因。第一，他是在认真听讲的；第二，他坐在艾朵拉的旁边。看到杰登参与课堂有助于把艾朵拉的注意力拉回课堂。于是你继续进行提问，"杰登，这个句子中的动词是哪个词？"杰登回答后就轮到艾朵拉了。"好的，艾朵拉，接下来到你了！"这是第二次的小提醒，这样她就知道接下来你们要进行互动了。"我想让你看着表，然后到30秒的时候，告诉我一声，可以做到吗？""可以！""谢谢你，艾朵拉！接下来，全班同学注意听，接下来你们有30秒的时间找出这句话中的形容词。艾朵拉，到30秒后就说一声'时间到'，现在开始！"

错误示例：你在没有任何提醒的情况下对艾朵拉进行提问。"接下来，艾朵拉，请你来回答这个问题。这个句子中的动词是哪个词？"她回答不上来，耷拉着脑袋，这堂课接下来的时间她可能都不会再听讲了。

第7章
管理好你的学生

（续表）

> **实施建议**：这个技巧需要一些练习和适应，但是如果你能正确使用，那么它会有很大作用！
>
> 第一个诀窍是要提醒学生接下来要向他们提问或者要跟他们互动了。这个方法不能让学生感到好像是"犯错被抓到了"。第二个诀窍是要通过让他们获得成就感、价值感从而重新回到课堂。比如你可以让他们做一些肯定能完成的任务，或者问一些你确信他们肯定能答对的问题。

你应该把这三个技巧一直放到你的技巧工具箱的最上层。你可以多次重复使用它们来应付教学日中大多数不严重的行为问题——那些每个教师每天在每个班都可能会碰到的问题。只要正确使用它们，你就可以及时纠正学生的行为问题，从而确保学习成为你课堂的焦点。但在一些情况下，你需要使用更直接一些的方式，哪怕学生只是出现了一个很小的行为问题。如果无视、若无其事地接近和引导学生融入都无法帮你解决你面临的问题，那你可以试试使用以下三个技巧。我们依然会描述可以使冲突降级的正确做法和与之形成对比的错误做法。通过对比来了解它们的细微不同，将有助于你成为一个更好的课堂管理者。

技巧4：指出积极行为

你是一名八年级的体育老师。课后你让三名学生把课上用的篮球收起来，其中一名学生没有收拾，而是在各处继续投篮。

正确示例："嗨！谢谢你们收拾得这么快！（叫出真正在收拾篮球的学生的名字）你们知道我非常在意课后的快速整理！"	**错误示例：**"你，不要再到处捣乱了，赶快去帮其他两位同学！你知道我非常在意课后的快速整理！"

实施建议： 使用这个方法的关键点是你说的话一定要真诚。学生的直觉是很强的，他们和成年人一样，不喜欢被他人利用。所以这些最终还是与教师对本职工作的热爱有关。如果你是发自内心地关心你面前的学生，那么你就能够真心地表达对他们的感谢。你能够意识到上学是一件很辛苦的事。而你作为教师对学生有着较高的要求，所以当学生遵从你的指示时你会发自内心地表扬学生。重要的是要记住，肯定学生的积极行为是与学生建立融洽关系的关键，我们在上文中也提到过，你与学生的关系越好，你就越容易成功使用教学策略。

第7章
管理好你的学生

技巧5：温柔地引导

你正在上课，你的一名学生艾登就在教室后面摆弄与这节课学习无关的东西。

正确示例：你让班上的学生独立解答下一道问题，然后你悄悄地朝教室后面走过去。你微笑着轻声地让艾登把东西放回原处，并且尽可能真诚地对他说："为什么你不回到你的座位上，然后解答下一个问题呢？"	错误示例：你让班上的学生独立解答下一道问题，然后你悄悄地朝教室后面走过去。你伸出手对着艾登说："把这些给我。"然后等他把东西给你。他有可能给你，也有可能不给你，然后你要怎么做呢？

实施建议：在使用这个技巧时，你一定要非常真诚。虽然当下你可能感到很沮丧，但是一定要让学生觉得你是真心想帮助他们，而不是在惩罚他们"摆弄与学习无关的东西"。这可以避免制造出"双方对峙"的感觉，也可以避免影响班上的其他学生。

技巧6：私下谈话

你有一名叫蔡的学生，她非常喜欢在课上讲话。你尝试过若无其事地靠近，尝试过表扬她周围的同学，尝试过在课堂上更多地与她互动，但都没有用。所以现在是时候要找她私下谈话了，因为她要么是没有明白你的提示，要么是明知故犯了。

（续表）

正确示例：你朝蔡走过去，然后和她进行一个低声、严肃且简短的对话。你没有表现出恶意、羞辱或讽刺的样子，但你要表现得很坚定。你首先表明你理解她现在的行为和动机，然后跟她解释一下为什么她需要停止这种行为。你小声地对她说："蔡，我完全理解代数没有和同学讲话有意思，如果你现在不想听课没关系，但是我希望你不要影响到周围的同学，如果你一直在讲话，他们就很难听课。你自己想一想，调整一下，做好准备之后就好好上课。"	错误示例：你朝蔡走过去，然后和她进行一个低声、严肃且简短的对话。你表现得很坚决。你首先讲了你的课很重要，然后向她说明了为什么她要停止讲话。你小声地对她说："蔡，你现在既不尊重我，也不尊重你的同学。如果你不在意这门课不及格，那是你的事，但是你不要影响其他人学习，听懂了吗？"

实施建议：把学生拉回到正在进行的课堂中是非常重要的。不要孤立或者责骂学生，这会使学生更不想听课。你要做的是承认学生的感受，同时把他们拉回到课堂或活动中去。

整理好你的技巧工具箱非常重要。我们建议你把无视、若无其事地靠近和引导学生融入放在工具箱的最上层，无论你的学生是无心违纪、被动违纪或是有意违纪，你应该最先考虑使用它们。重要的是，你不仅仅要记

第7章
管理好你的学生

得使用这些技巧,还要正确地使用它们。要确保你通过使用这些技巧能够使那些小问题得到缓解,而不是进一步升级。

还有重要的一点是,有时候小问题可能会持续出现,使你必须采取更加直接的措施。但是,更直接不代表你就可以忘记使问题"降级"的初衷。更直接意味着你需要更努力地去确保你的语气、身体语言是冷静、淡定、克制和友善的。你的目标永远是把学生拉回到安全的学习环境中。

事实上,很多情况往往是不可预测的,甚至让人紧张不安的。要对你和学生都有耐心,要记得每一次互动都是一个成长和学习的机会。逐渐地,你就会找到那些适合你和你的学生的技巧,并摒弃那些不适合你们的。在这个过程中,你不仅打磨了自己的教学技艺,也使自己得到了提升。这些时刻将帮助你从优秀的教师成为卓越的教师。

> **想一想**
>
> 你将如何整理你的技巧工具箱?哪一个技巧是你觉得你明天就可以在课堂上实施的?哪一个技巧你想自己先练习一下?有没有我们没有提到但你曾经见过其他优秀的教师使用过的技巧?

第8章 管理好你的课堂

上一章我们讲了当学生没有达到我们的要求或违纪时我们应如何应对，这些是我们作为教师可能都会碰到的突发性问题。无论学生是有意还是无意的，应对这种情况我们只需要你谨慎地选择恰当的技巧就能够化解问题了。但是，这些技巧并非万能的，有些时候它们在改变学生行为上无法发挥作用。一些新教师常犯的错误是，他们一遍又一遍地无视或者委婉地引导学生，最后学生反客为主，开始影响班级氛围。"引导"用过几次后可能就会失灵了，那么教师该怎么做呢？不可避免地你会碰到学生的行为需要有一些处罚性结果的时刻，你一定也希望有一套自己的课堂管理体系，可以帮助你冷静地带着尊重去化解那些愈演愈烈的行为问题和其他问题。通常来说，如果你的应对方式过激了，那学生也会有过激的反应。我们希望通过本章可以帮助你在问题还没有变得难解决之前提前做好解决方案。让我们开始吧！

虽然你想着重强调积极正面的行为和建立良好的师生关系，但在你的"教学工具包"里准备好处罚措施也很重要。要想成功地管理好班级，就必须让学生对自己的不当行为负责。如果没有一个后果体系，在学生举止不当时，你就不知道该如何应对，这样的班级很可能会很快失去控制。

处罚学生必须坚持的4个原则

每个老师使用的管理体系都各不相同，但重要的是你的处罚体系要符合四项标准：一致、公平、遵循事先计划的顺序、注重"终极目标"——防止未来会发生的问题。假如你是小学老师，学生犯规了，你可以扣他们的分；如果你是初中老师，就可以利用午餐时间让这个学生回到班里和你谈一谈刚才发生的事。只要确保你的目标遵循一致、公平、组织结构良好、注重"终极目标"，那你就走上良好课堂管理的康庄大道。

1. 始终如一地执行

之前提到一致性是管理好班级的关键之一。你还记得前文我们引用的"谨慎所言，说到做到"这句话吗？现在就要实践这句话了。如果有学生举止不当，违反任何一条规则，违反一次就应当让他们承受一次后果。如果学生发现你只是偶尔处罚一次,那么班级规则很快就会不起作用甚至情况会变得更糟。

2. 要公平,但公平并不总是意味着处罚必须完全一致

虽然每次犯规都采取处罚措施很重要,但在处罚时也要考虑到行为和学生本身。吉姆·费伊和大卫·芬克在《用爱和逻辑教学》(*Teaching With Love and Logic*)中总结得很好:"公平不代表同等对待,而是因材施教。"

首先,学生每次犯规时,你不需要给予完全相同的处罚。比如拉塔维恩在别的同学说话时插嘴,违反了"尊重同学"的规则,扎肖娜在别的同学走向座位时绊倒了同学,也违反了"尊重同学"这一规则。虽然他们违反的是同一条规则,但由于行为不同,给予的处罚也应不同。

其次,弄明白处罚的对象也很重要。比如,玛丽安娜和约瑟都违反了"从一开始就听从老师的指令"这条规则。如果你觉得管用的话,可以选择给予他们相同的处罚。你也可以根据他们的动机或者哪个同学之前犯过同样的错误,给予他们不同的处罚。如果玛丽安娜之前违反过一两次该规则,而约瑟之前没违反过,那么他们接受的处罚就应该不同,如果处罚相同,那就不公平。

3. 遵循事先计划好的顺序

学生承受的后果可能是被老师拍拍肩膀，也可能是被送去"安全座位"，但对于不断升级的不当行为，你应该预先计划好如何应对，这就是你所选择的管理体系的关键所在。例如，你决定遵循"提醒—便签提示—安全座位"这个顺序，当一个学生开始到捣乱时，你走近他的身边耳语，告诉他你知道他做了什么，这就是给他的一个提醒，要求他重新集中精力停课。如果他还继续这个行为，你就可以在他的课桌旁贴一个便签提示他，用非语言的行为提醒他们回到正轨。如果他们还继续，那只能让他们"休息"一下，请他们坐到"安全座位"上。事先计划好回应学生不当行为的顺序，始终如一地遵循它，在学生捣乱时，你就可以避免以太过冲动或无益的方式去应对。

4. 牢记终极目标

作为老师，处理任何一种不当行为的目标都是为了避免该情况再次发生。所以在处罚学生的时候，记住这一终极目标非常重要。虽然在那种情况下你会很沮丧、很生气，但总应该把学生行为不当的原因找出来。这些原因可能是上课无聊，或者是执行任务过程中的挫败感甚至是对文化风俗的误解。不管是什么原因，你必须把它弄清楚并解决掉，因为你不希望它再次发生。如果是学生觉得上课无聊，就根据学生的兴趣调整课程内容。

第8章
管理好你的课堂

如果学生有挫败感，就教他们用正确的方法战胜挫折，坚持不懈。如果学生的某种行为在自己家里是得体的，但在学校是不得体的，就告诉他们，虽然你能理解他们的家庭背景，但仍要重申，这种行为即使在家可以接受，在学校里却不行。以上提及的情况中，虽然执行处罚能维护高要求，但不要忘了你的目标是避免该情况再次发生。

制定适合自己班级的处罚机制

一旦新学年开始，你很可能不动声色地修改一些规则或流程，或可能对其进行彻底的改革！重要的是在学生入学前你要准备好一套合适的处罚机制，这样在开学第一天时你就能正确处理不当行为。

对于应该采取什么做法，除了进行头脑风暴以外，我强烈建议你去观察其他老师，阅读有关课堂管理的图书或文章，找你的导师谈谈甚至浏览教师博客。很多人对管理策略的作用有着不同的看法，所以你必须经过自己审慎的判断，从找到的信息中筛选出最适合你和自己班级的。请记住，把正面强化置于管理策略的核心，但也要准备一个处罚的"工具包"，以便需要时派上用场。

同时，不要忽略了你工作的学校可能会有一套详细的行为准则（希望如此）。如今，虽然不是所有学校都能有效地实施行为准则，但在一些重大事件上这些准则都会起作用，比如身体暴力。所以在考虑处罚措施时，如果该行为升级到危及人身安全级别（比如学生之间突然爆发了激烈的争吵，学生冲出教室等），最好请学校管理部门来帮助你处理。

如何成功选择课堂管理体系

让我们看看以下三位老师在从教第一年是如何成功选择课堂管理体系的。

泰勒小姐在一所特困学校当幼儿教师，这是她从教的第一年。她很想为开学第一天做好充分准备，所以就在网上搜集了一些不同的课堂管理体系。浏览了一些网页后，她决定采用在某个教学博客上找到的那种体系。她用计分体系来奖励自己的学生。每个学生有一个计分表，表现好可加分，因行为不当而受到处罚便减一分。学生一旦累计到一定的分数，就可以把它们"兑现"，赢取特殊奖励，像增加阅读时间或者和老师互换一天的角色。泰勒老师不想第一年就选择太复杂的管理体系，所以她选择了这种看上去既简单又明确的体系。她喜欢这一体系的另一个原因是，她知道如果自己实施该体系，给学生的加分会比减分要多。这样就有助于打造积极正面的班级文化，同时在学生举止不当的时候，她采取处罚措施也会有所依据。

第8章
管理好你的课堂

纳尔逊先生在一所中学当特殊教育教师,这也是他从教的第一年。他所要关注的不同于其他老师,因为他的班里有一小部分学生接受的是特殊教育,但也有普通的学生。由于这个特殊的挑战,他知道自己需要一个小规模的体系,以便需要时可以随时使用。如果学生违反规则,学校规定学生要在"暂停椅"上待一会儿,他确信这是对学生举止不当的恰当处罚。他仔细考虑了自己要怎样实施这种做法,因为他觉得这是教学中最重要的环节!有人告诉他,某些学生需要比其他大多数学生受到更多关注,所以他决定每次上完课给每个学生加一分。他会把这些分数在表上累计起来,得到10分的学生可以在本周某个时间和纳尔逊老师共进午餐。纳尔逊老师对这一策略非常满意,他知道处罚是老师执行的,所以他会在保持对学生的要求的同时也注重正面强化。

威尔逊女士在一所中学当音乐老师,这也是她为师的第一年。曾经她想采取的策略是,着重强调让学生照管好属于学校的乐器。她打算在每个季度末给那些从来没破坏过乐器的学生办一个类似于"乐器日"(请带上自己的乐器来)的活动。但是在和同事聊完,又读完一本课堂管理的书之后,她发现自己的想法有点瑕疵。第一,如果一个优秀学生在开学第二周不小心损坏了某个乐器,该怎么办?她真的会因为这件事就给该学生整个季度的表现下定论吗?威尔逊老师也发现,注重那些更常见的、非物质的奖励更符合她对学生动机的看法。于是，她列了很多可以口头正面鼓励学生的不同方法。这样，学生每天都能获得"奖励"！她从一个导师那里借来一张综合流程图，作为她对学生不当行为的处罚措施流程。首先，学生会得到警告（警告记录在出勤表上），然后，等学生准备认错了，才允许他回来参加活动，最后，如果这种行为再次发生，她会按照学校的要求，打发学生坐"安全座位"。

高效执行惩罚措施

到目前为止，我们讲过的行为管理方法足以应付你会遇到的大部分学生行为问题了。只要处理得及时、恰当，这些方法绝大多数时候都能奏效。话虽如此，但还是会有一些特殊情况，你不得不对学生的恶劣行为采取惩罚措施，然而要弄清什么时候该惩罚学生以及用什么方式惩罚并不是一件容易的事。即便你已经仔细思考过对学生应该有什么样的期望和要求，但作为一个新老师，执行惩罚措施仍然很困难，因为你"真的"不知道该让学生做什么以及不允许学生做什么，这时候就该参照你的要求列表和惩罚列表了（前面章节讨论过）。随着教龄的增长，你的列表会扩展和变化（这很正常，有时候甚至是非常好的事）。但在刚执教的头几个星期里，列表对你仍然非常有用，因为你还在努力弄清楚什么事情你能忍受，

第8章
管理好你的课堂

什么事情你无法忍受。

所有的老师都会用到不同的惩罚措施，这具体取决于课堂管理体系、教学风格甚至是教学的对象。正如我前面提到的，最重要的是要挑选一种恰当的惩罚方法。这种方法应该符合四条标准：连贯一致、合理、公正，并且最终的目的是不让错误行为再次发生。既然你已经准备了一个可能要用到的惩罚措施列表，现在是时候计划如何使用这些方法了。请记住，你的目的是让学生改变他们的行为。我们不想做出过度的反应，以免让问题学生成为关注的焦点，同时也避免让我们自己表现出缺乏专业素养的一面。

当你对学生进行惩罚时，应该像在前面的那些场景中那样，保持冷静但言谈举止要有自信。有些惩罚可以用语言表达"娜塔莎，你那样做我很难过，现在我要扣掉你一分钟的课间休息时间"，或者用无声的惩罚方法，比如在课堂记录表上把她的名字挪到表现不好的名单上去。不管是用哪种方式，你都要做事坚决但有礼貌。你尊重学生，但同时也要让他们知道你言出必行。吉姆·费伊和大卫·芬克在他们合著的书《用爱和逻辑教学》里，也建议惩罚学生时要心怀怜悯。"优秀的老师在实施惩罚时对学生心怀怜悯和理解，而不是愤怒和说教。"当你带着自信和同情心进行惩罚时，学生会明白"你是动真格的"，但同时也明白你关心他们，希望他们能做得更好。这么做的一个重要原因是，即便你惩罚的那个学生感到沮丧，其他学生却认为你的惩罚方式是公平合理的。要专业地处理这件事，被惩罚的学生才不会成为被其他学生同情的对象。

既然连贯一致是有效惩罚的关键，我们建议你建立某种后续跟进机制，确保你能贯彻执行对学生的要求和禁令。即便你使用了完全正确的语言和时机进行惩罚，但如果你没有后续跟进（比如你忘了扣掉娜塔莎一分钟的课间休息时间，或者你忘了在课堂记录表上挪她的名字），学生就不会把你的惩罚当回事。这种跟进方法可以是在课堂记录表上直接写下来，也可以是在便签贴上简单地记一笔。不管用什么方法，确保对你自己有用就行了，它能帮助你成为言出必行的老师。

同时，你必须做好心理准备，因为可能会有学生反抗你的惩罚。比如，你扣掉一分钟课间休息时间作为惩罚，然而你刚说完，学生就大喊："我什么都没干，为什么罚我？"对于第一年从教的新老师来说，这是最难应对的一种局面了。因为他们可能会很轻易地做出以下两种反应：一、允许学生说服老师改变主意；二、粗暴、强硬地命令或威胁学生回到座位上，使事件进一步恶化。如果你允许学生毫无礼貌地回敬你，并且在学生质疑你的决定后又轻易让其过关，你就是在向学生表明，你很好糊弄，这样做会削弱你作为老师的权威，学生就不再敬重你是老师了。如果你做出

第8章
管理好你的课堂

另一种反应，粗暴、强硬地命令甚至威胁学生，你和那个学生（还有其他在场的学生）的师生关系将会受到破坏，并且事件过后也难以修复。

除了这两种反应，其实还有不少方法可以供你使用，具体情况要视老师、学生还有现场情景来决定。你可以忽略那个学生，继续上课。一般来讲，这是最好的做法，因为这种方法对班级的影响最小，也能让全班学生知道你准备将这件事翻篇。如果那个学生只是一时需要发泄自己的沮丧情绪，这种方法特别奏效。话虽如此，也有可能那个学生不仅仅是想发泄一点不满情绪，而是企图改变课堂上的控制权。如果是这种情况，你就可能需要采取另一种应对方法，以便让学生知道自己的行为是不恰当的。

你可以用温和的方式来应对：只需要安静地站着等学生冷静下来，然后真诚地说："你这样我很难过。"但是如果你认为需要做出更加严厉的回应，要让她知道她的行为不当并向她解释原因，你可以说："娜塔莎，你那样的行为很不礼貌，也很不恰当。我现在不能浪费上课时间，但是如果你愿意，我们可以稍后再讨论这件事。"不管你用了哪种方法（选择对你和学生最管用的），你都要记住，最终的目的是为了让学生的错误行为不再发生。

当你要做一个言行一致的老师时，很可能有个别学生会不高兴。不仅如此，很可能这个学生还想让所有人都知道他有多么不高兴。处理这类情况的关键是要牢记"没有完美的解决方法"。知道并掌握消除不良课堂行为的各种方法非常重要，因为在你刚从教的第一年里，你还没有找出哪些方法更有效。也许你要经历很多尝试与失败，但随着教学实践和经验的增长，哪怕是最调皮的学生，你也会找到对他们管用的应对方法。

举个例子，假设你正在继续处理娜塔莎的问题，因为她大声叫喊"我什么也没干，你为什么罚我"，你宣布了对她的第一次惩罚。然后她怒气冲冲地回到座位，一路上边踢凳子边低声咆哮："我讨厌这堂课！"你决定给她一分钟的时间冷静下来，但你能感觉到她的行为在继续升级，她想让你、全班同学甚至全校的人都知道她有多么愤怒。对你和你的班级来说，这是个关键时刻，尤其是在你第一年刚开始执教的时候发生这样的事情。如果娜塔莎继续违背你的命令，就是在试探你的底线，其他学生也在观望，看看娜塔莎（甚至是他们自己）是否能逃脱惩罚。如果你不希望学生们误以为娜塔莎的行为是可以被老师接受的，那么这时候就需要用到另一种惩罚措施了。不管是坐"安全座位"、打电话找家长、找娜塔莎私下谈话，还是什么别的方式，到了该使用"试错法"的时候了。选择一种你认为最好的惩罚方法，看看会产生什么结果。如果方法很管用，非常好；如果不管用，你也明白了下次需要尝试别的方法。尽管类似这样的情况总是很难处理，但也有一点好处：一般来说，一旦学生知道老师的底线在哪以后，他们会遵守你的底线，你也会知道在他们越过底线时该如何处理。有可能在家里或其他老师的课堂上，娜塔莎的行为得逞了，但是只要她明白在你的课堂上，这招不管用，你就会惊讶地发现，她的不良课堂行为会慢慢纠正过来。

最后，有一点要记住，不是所有的惩罚都管用，某种方法对某个学生管用，对另一个学生可能不管用。同样的方法这一次管用，下一次对同一个学生也可能不管用！所以，一定要坚持不懈地努力建立良好的师生关系，因为当你和学生的关系很亲密时，惩罚自然变得更有意义，他们会明白，让老师失望也会让他们对自己感到失望。说到这里，不要忘了，你的最终目标始终应该是培养学生的自觉能动性。最终，你希望他们听从老师的指令不是因为"这是老师说的"，而是因为他们重视自己的学习。尽管这件事说起来容易做起来难，尽管课堂管理是一门艺术，需要真实的相关经历和教训，但你仍然应该把这种美好的愿景埋在脑海深处，尤其是当你碰到那些最艰难的行为管理情境时。

积极处理棘手情况

即使你恰当地使用了所有的课堂管理方法，仍然有可能会有一两个学生存在行为问题。我们来举第一个例子，现在你正要处理一个学生的行为问题，假设他的名字叫亚伦，你已经用尽了前面提到的所有方法，但亚伦身上还是存在很多问题：窃窃私语，不做作业，和同学一起到处捣乱、打架，等等，你该怎么办？

首先，如果亚伦的行为没有影响到其他学生，你处理问题的灵活性就更大。这种情况表明，你已经营造了你想要的课堂气氛，只有这一个学生出了问题。如果是一大群学生都有问题，你就得认真考虑一下是否应该按下"重启键"，重新营造良好的课堂氛围，这一点我们将在后面章节进行论述。

其次，在面对亚伦这样的学生时，需要记住很重要的一点——找借口绝对不能帮助你解决问题。如果你暗示自己，他在家里的日子不好过，所以你没办法让他在学校里好好表现，那你就是在伤害那个学生，伤害班上其他学生，还有你自己。你必须发现学生的潜力，因为你是他的老师，也许你是学校里唯一相信他有能力成为好学生的人。

我们将带你一起演练如何想办法帮助亚伦的思维过程。在开始之前，你必须明白一点，我们的假设前提是你和亚伦的关系很好，如果你们的关系并不好，修复师生关系才是你解决问题的重心。最近的调查指出，老师们必须把课堂管理视为"一个持续建立师生关系的过程"，特别是针对那些最麻烦的学生。记住，教学的成功是以良好的师生关系为基础的。

第8章 管理好你的课堂

现在，让我们回到前面的演练计划。首先，你必须先问自己下面这三个问题：

- **绝大多数行为问题发生在什么时候？**
- **我现在做的事会不会让问题继续恶化？**
- **我能做什么来帮助解决问题？**

你首先能做的是回想一下亚伦的情况，他的行为问题大多是什么时候发生的？如果你是小学老师，想想一天当中的主要时段——上午还是下午？在上数学课之前还是写作课堂上？午饭后还是课间加餐后？如果你是中学老师，就需要想到更小的时间段。在学生刚走进教室以后？上课10分钟的时候？小组讨论的时候？有可能这些行为问题还反映出发生在校外的事情。例如，你可能会发现亚伦表现最差的时候发生在他去妈妈家过夜以后，而不是在爸爸家。你也许需要在记事本上或其他设备上记录下来，算出他是从什么时候开始出问题的。找出这些规律很关键，因为它是你制订行为干预计划的基础。

一旦你发现了这些规律，接下来要思考你可能给目前的情况带来了什么负面影响。如果他一直在课堂上表现不佳，想想你做了什么可能会让这种情况持续发生。是不是因为你把他调到了不恰当的座位上使他无法好好学习？你的课堂导入环节是否足够紧凑，让他能跟上（没有时间停下来偷懒，必须遵守课堂时间安排等）？他是否明白你给他布置的任务？记住，一直保持这种心态——你才是对学生最具影响力的人，所以诚实地面对自己，看看你可能从哪些方面导致了学生的不良行为。

把这些问题想明白了以后，你就可以继续思考怎样才能帮助学生。这个环节对于新老师来说可能很困难，因为你教育"百宝囊"里的工具资源可没有隔壁班老师们那么多。你可能意识到学生需要更多的帮助而你本人无法提供，比如学生需要学校辅导员或社工的帮助。因此，要敢于寻求学校内部和外部的资源，获得他们的建议。找一位值得信赖的同事，向他咨询建议，再看看你的校长、导师或教学指导能否给你介绍资源。另外，你可以看一些相关图书或文章，或者在网络上自由地寻找灵感。应对像亚伦这样的学生，绝不会有那么容易的解决方法。你必须具有批判性思维能力，要么自己想出办法来，要么从其他渠道找到办法帮助亚伦在课堂上获得成功。

我们已经解决了如何应对你可能遇到的百分之九十九的行为问题，但我们也知道你仍然会有一些"有关特殊情况该怎么办"的疑问。如果学生掀桌子，怎么办？如果学生冲出教室，怎么办？如果两个学生打架，怎么办？当你在计划如何管理课堂时，这些事真的会让你分心。没错，你需要一些必要的步骤去处理这些问题，并且你可能一想到这些事就非常担心。

第8章
管理好你的课堂

但有一点很重要，绝大多数时候，你应该着重使用"不动声色地控制"和"直接纠正"的方法，如果这两个方法能够使用得当，你遇到特殊事件无法处理的情况就会变得很少。

我们知道，现在你们当中某些人可能会想"你不明白，我可是在某某学校工作""有些孩子的家庭生活太艰难了，所以我知道他们每天都会发生肢体冲突，我教的学生就是这种类型"或者"其他老师早就提醒过我会碰到什么样的学生，我知道在感恩节之前都不能给他们笑脸"。我们只想让你知道，如果你也是这么想的，就准备让自己和学生承受失败吧。如果你认为学生的行为问题很正常，因为你教的就是"那种孩子"，那么你就是在找借口（这些我们在前面已经提醒过你了）。

在前面的章节，我们提到过，一定要相信两件事：第一，每个学生都很重要；第二，每个学生都有能力学好。我们谈论的不仅仅是知识方面的学习，还包括那些行为和情感方面的学习。**你必须相信，不管整个学校的校风如何，你的所有学生都有能力在课堂上成为爱学习的人。**

那么真的发生了某些"棘手的特殊情况"，你该怎么做呢？这些情景想起来就让人害怕，但是只要有合理的计划，你就能做好准备应付各种情况。首先，你必须熟悉学校的政策和处理极端事件的流程。一般说来，学校会制定规章制度，让老师在特殊事件发生时（例如学生打架）能够按章办事。这种时候,你也应该遵守学校的规则。所以对你来说,了解什么情况下该采取什么措施和步骤非常重要。你可以事先从教师手册中找到相关信息,或者干脆直接问主管领导。其次,在这种时候,你也应该寻求帮助。在类似特殊事件发生的时候,学校的主管领导必须出面,而作为普通老师(尤其是第一年从教的新老师),你不应该独自处理这些事情。

勇于向学生道歉

在这一部分的开头,我们想提醒你们,虽然我们是老师,但我们也只是普通人,人都会犯错。如果你意识到你的做法削弱了你和学生的关系,不要害怕向学生道歉。还记得前面提到的场景吧,你认为娜塔莎做出了不好的行为,就给她惩罚,但她反驳道:"我什么也没做!"虽然很有可能她真的做错了事,但也有可能是你弄错了。如果是你错怪了她,娜塔莎会一直很生气,并且很沮丧,直到你跟她和解为止。即使你犯了错,如果你能走到学生面前承认错误并为你的做法真诚地道歉,你们的关系就能得到修复。比如,在和娜塔莎谈话以后,你意识到她真的没有做错什么,你可以说:"娜塔莎,我很抱歉因为你没做过的事而指责你。虽然我是老师,但我也会犯错误,很感谢你愿意告诉我发生了什么事情。"只要你的道歉是真诚的,具体怎么做,你遵循内心的想法就行。当你犯了错,第一要紧的事就是承认错误,因为这么做能修复被你伤害的师生关系,从而更好地保护和培养你和学生之间的关系。

永远记住,解决问题的最好方式就是道歉。优秀的教师很少需要去修复关系,但是他们一直在朝这方面努力,其他的老师需要修复关系,但是他们很少这么做。例如,一位真正优秀的老师在某个周二的早上对他的学生说:"我很抱歉,昨天我似乎有些暴躁,感觉不太舒服,我向你们道歉。"如果这位老师真的很优秀,他的学生不会说"没关系",而是说"我们都不知道您到底在说什么"。如果你不能确定是否需要修复和学生的关系,那还是选择修复吧。

不要害怕失败,寻找可以帮助自己的人

最后的注意事项就是永远要记得不要因为课堂行为管理没有达到预期或计划的效果而感到惭愧。学生也是人,人是很复杂的。在从教的第一年里,你不断学习,也学到了很多。我们教育学生不要害怕失败,所以我们希望老师也不要害怕失败。也许学校里会有些同事因为你在课堂管理上的失误而对你态度不好,如果真有这种情况,要么是他们忘了从教的第一年有多么艰难,要么是想通过贬低你来让他们自己感到痛快甚至是通过指出你的错误来掩盖他们对于自己课堂管理做法的不安。

不管什么人说了什么话，都要记得，情况一定会变得越来越好。好好使用这本书里讲到的所有课堂管理方法，还有你从网络上找到的、从同事那里听到的或者从其他老师课堂上观察到的方法。如果你确实想尽了办法来应对某个问题学生，但情况还是越来越糟糕，这个时候你应该问心无愧地去寻求他人的帮助。不管你求助的对象是同事、督导还是你自己认识的老师，永远记住你不是在孤军奋战。极有可能你求助的人对他们自己经历过的"最糟糕的日子"还记忆犹新，并且非常愿意帮助你扭转局势。

后面的章节中我们会谈到如何去寻找那些人，然后让他们在需要的时候给你指导。同时也要记住，教育是个需要不断改进的行业，而不是一个已经发展完善的行业。优秀的老师对自己的要求非常严格，这也正是他们的过人之处。不过你还要知道，对自己要求严格并不意味着你不会犯错误或者不敢去寻求外界的帮助。记住，寻求帮助实际上是内心强大的表现，而不是软弱的表现。你向他人寻求帮助，别人也愿意来找你帮忙。你才第一年开始教学，有些事你给不了答案，只要明白了这一点，你就是朝着寻找正确答案的方向迈出了一大步。

专注于真实目标

记住，在班级里不用有形的奖励反而会创造高水平的有形价值。你不

第8章
管理好你的课堂

再需要每周五通过抽奖来给学生发放最新的科技小产品，你的真实目标应该是把老师对学生个人的积极反馈作为最高期望，你的最终目的是学生赢得老师的微笑和友好的点头，或者发出"哇，你学习很努力"这样类似的称赞。如果泰勒小姐、纳尔逊先生和威尔逊女士没有定期地、轻松地、积极地与学生互动，那么他们的管理策略是不会奏效的。如前所述，**管理好班级的基础是和学生建立积极良好的关系**。定期地、轻松地、积极地与学生互动会帮助你不断打造理想的班级文化。

> **想一想**
>
> 你仔细考虑、打磨过哪些课堂管理体系呢？具体说一说它是什么样的？它的执行流程是怎样的？你会有哪些处罚措施？我们鼓励你为开学第一周做好展望和计划，但也希望你知道，你也可以随着对自己和学生的了解的加深随时调整你的计划。最终，你就会形成自己的一套课堂管理系统，使你既可以有效地管理课堂，又可以照顾到学生的差异和需求。

第9章　不断修正，做出改变

虽然你可能花了大量时间和精力去备课、为新学年做计划，但是你不可能预计到你将面临的每一种情况或场景。对能预见到的事情，我们可以设想解决的流程，并按照最佳的方式来管理课堂，然而，总有意外发生。这些意外有可能就会发生在开学之初，学生来了，事情也不总像我们预想的那样发展。也许你会觉得有点恐慌，但实际上你应该觉得这很正常，每个老师都会面临这些问题。如果你没有感觉到有些东西需要改变，那就真的出问题了。你可以做出不同程度的改变，在决定具体怎么做之前，你可能需要仔细思考一下有什么样的方式可供选择。你想要有所行动，但不想行动过度，那样情况会更糟。我们来看看可以选择哪些方法。

高效能教师每天都会反思他们的课堂是怎么运转的。我们需要思考我们站在什么角度上，我们说话的声调和语气如何，我们的指令和解释是否清楚，等等。当我们决定要做出一些改变的时候，其实有两种级别可以考虑。一种我们称之为"悄悄改变"，另一种则称为"按下重启键"。两种做法都很有意义，但采取的方法是不同的。

悄悄改变：在自己班上做实验，检测成效

我们来假设一个情景：约翰逊先生对第三节课开始后出现的情形很愤怒。学生进入教室时一阵喧闹，仅仅是安抚他们专心上课，就像经历了一场"大混战"。但是，约翰逊先生另外四个班的氛围则完全不同。那几个班上的学生似乎很容易理解老师的要求，所以约翰逊先生能够很愉快地站在教室前面，微笑着迎接学生进入教室。他觉得现在用的一些课堂管理策略还是有效的，因为他在这四个班上课都很顺利，但是第三节课那个班，必须做点改变了。

约翰逊先生在考虑是否有必要跟全班学生谈谈如何在课堂上表现得更得体，但是经过深思熟虑，他意识到并不是全班学生都有问题，所以他不知道全班范围的讨论到底能对哪些学生起作用。他也可以跟学生单独谈话，让他们知道老师很生气，但是涉及的学生不止两三个，这样做会耗费很多时间，而且他不知道这么做对师生关系有没有帮助。与其明确告诉

第9章
不断修正，做出改变

学生需要改变他们的行为，不如先改变他自己的行为，看看会带来什么不同。

约翰逊先生决定从明天开始，上第三节课的时候，他要站在教室门口，在学生进来之前迎接他们，微笑着欢迎他们，并叫他们开始阅读白板上的指示，让他们知道要做什么。

这种策略就叫悄悄改变。悄悄改变就是在你改变行为时，不需要通知学生或者向学生宣布要改变什么事情。即使学生意识到你可能正在实施不同的计划，但你的方式如此积极，他们想不到你的决定是对他们的不良行为做出的反应。其实，你悄悄改变自己的行为是为了预防他们以前的不良行为再次发生。

悄悄改变的一个好处是你可以在整个学年甚至整个教学生涯中不限次数地使用它。你也应该这么做，就像足球比赛踢到一半，我们需要不断地评估和调整（如果有需要）当时的比赛策略。我们来假设一下，约翰逊先生发现他的新办法对第三节课的班级开始奏效了，但他还需要处理一个问题——学生坐下以后窃窃私语，这时候就需要用到另外一个悄悄改变的策略了。也许他意识到已经有两个月没有调整学生座次表了，因此第二天当学生走进教室后，他对学生提出了换座位的要求，并告诉他们安静地去寻找自己的新座位。如果有学生问约翰逊先生为什么要换座位，他只是简单地回答"我觉得班上该做出一些改变了"或者"新的座位安排可以帮我们在学习下一单元时组成新的讨论小组",你要知道,我们不需要告诉学生我们改变某些做法的真正原因。

就像上面这个中学班的例子一样,小学老师也可能在一天中的不同时间段,对学生产生完全不同的感受(例如,轻松的午饭后、课间休息、体育课,对比严谨的识字课或写作课)。在这些情况下,小学老师可以也应该悄悄改变一些事情以便改善他们遇到的问题。当学生们上完某些"特殊"的课回到教室以后,也许你会"随机"播放轻音乐,但是你自己知道,你是在体育课后故意播放轻音乐的。不管你采用哪一种悄悄改变的方法,一定要监测学生行为的变化,以便判断哪种办法更有效。通过这种方式,你建立了自己的实验对照组。这并不意味着某一种方法会一直奏效(因为你无法知道什么时候需要做出悄悄的改变),但是你能够继续带领你的学生和课堂朝好的方向转变。

说了这么多,也可能有一些情况需要做出更大的改变,这种改变要求老师更加具体、直接地与学生沟通。记住,只要有需要,悄悄改进的办法可以直接使用,而且也应该经常使用。当需要大规模的改变时,我们面临的下一个选择就是"按下重启键"。

第9章
不断修正，做出改变

按下重启键

尽管你为第一个学年做了很多准备，但有时候事情还是会出错，有可能错误是从第二个星期、第二个月或第二个学期就开始了。你可以悄悄地改变一些事情，但是如果发生的问题不止一个，怎么办？如果你觉得课堂在慢慢失控，怎么办？如果你发现事情越来越糟，没有好转，怎么办？如果你开始为学期初执行的一些规则感到后悔，怎么办？最开始的时候，你也许内心很挣扎，你希望孩子们只是暂时很沮丧，或者你只是"心情不太好"，但并不能从根本上解决你面临的困境，你该怎么办？你怎么知道是不是该按下重启键了？

是时候要按下重启键了……进入十月份了，孩子们开始过度使用削笔刀。我们说过度使用意思是指你在上课的时候无意间抬头一看，教室里就像在举办削铅笔晚会一样，你甚至看见有学生上课时间专门坐在那里削铅笔。另外，你提问题的时候，学生总是不举手随口回答问题。我们这里说的随口回答是指无论你出什么题，马尔特和拉奎尔都大喊"21"，他们觉得这样很有趣。5分钟课间休息刚刚结束，上课才两分钟，学生们又要去上厕所，虽然他们明明知道应该等到下课以后再去。学生们只要想扔垃圾，就随便离开座位，在去扔垃圾的路上还打架。你希望忽略这些事情，让它们自动消失，但是事态似乎升级了。在一个糟糕的星期五过后，你认为这种状况该停下来了，你想要你的课堂回归正轨。

你开始思考，想使用一些"悄悄改变"的办法，但你意识到事情已经太严重了，无论出于何种原因，你都不可能成为你理想中的那种老师了。如果这些事情真的发生了，那么就该"按下重启键"了。"悄悄改变"和"按下重启键"之间的差别很大。

1. 你使用"悄悄改变"方法的次数没有限制，使用"按下重启键"的次数却只有一次（也可能两次）。

2. "悄悄改变"是老师们为了改变自身行为而做出的小调整，"按下重启键"是针对学生的，指大的改变，要求学生大幅调整自己的行为。

3. "悄悄改变"包括在教室门口微笑迎接学生，提出新的要求或者上课前做点热身活动。"按下重启键"则是很多新规则、新要求或者新流程，这些流程与之前的大不相同，所以你必须告知学生。

你可以在节假日后或者三天大周末之后的星期一"按下重启键"。只要你真正花时间仔细思考需要做出什么改变，总会找到好时机。**当你重启时，你应该把所有不好的课堂行为全部重启，因为这可能是你做出改变的唯一机会，并且你不能把任何责任归到学生身上。** 当你按下重启键，你要的是"全新的开始"。如果在这个新阶段，你却说出"你们这些家伙表现太糟糕了"这样的话,这会严重挫伤学生的积极性,很难构建你的全新课堂。

下面说说如何"按下重启键"。

找出问题所在

首先,你要做的事就是找出真正存在的问题。班上发生了什么事你觉得不太好?如果你是小学老师,你需要知道你的班级是一整天都表现得很糟糕,还是只是在下午?学生们在自主写作课上精神集中、学习状态很好,但是到了数学课却上蹿下跳?可能你教的重点班学习状态一直很好,同样的课堂规则和流程在七年级科学课的普通班却不能有效运转。要想解决这些问题,你需要把你没法正常上课、学生也没法好好学习的具体时间和地点弄清楚。如果你是中学老师,则需要确定是否每个班级、每个小时或者每节课都存在问题,还是只有其中一两个有问题?

其次,一旦你精确地找出了没法正常上课、学生也没法好好学习的具体时间段后,你还必须搞清楚出现这种情况的原因。认定你觉得不好的课堂行为,仔细想想它们为什么会发生。你可能会想到很多不好的行为或者想到一个需要进行重大调整的问题。举个例子,比如你觉得第四节课要失控了。但是经过认真反思和仔细观察,你意识到问题实际上来自两个方面:学生在上课期间随便离开座位以及学生迟交作业和补交作业。以前,你并不认为学生随便离开座位会变成大问题，但是现在有些学生能在一个小时内十几次走到垃圾桶边扔垃圾，这分散了全班学生的注意力。同样，你以前也没想到十年级的学生还会有迟交作业和补交作业的问题，然而，你现在终于意识到这些问题阻碍了你成为高效能教师。除非你能尽快改变一些事情，否则情况还将继续恶化。

确定需要做出哪些必要的改变

此时此刻，你也许想回顾并重新阅读有关课堂流程和课堂管理的那些章节。你可能在想："我已经照着书里的方法做了。我有清晰的愿景和明确的计划，是作者你帮助我制订的呀。"这个时候重新阅读跟之前阅读的不同之处在于：现在你有了自己的学生，现在你对当老师这件事有了更深刻的了解，现在你也知道了你对学生的不当行为和喧闹有多大的容忍度。

因此，开始对自己提问吧。有没有哪项课堂流程被你漏掉了或者应该增加进去？有没有哪个课堂要求是你说过的，但是没有一直强调？你有没有增加额外的课堂规则或删减原来的规则？你的情况可能跟这些问题相似，但无论是何种情况，针对学生错误行为发生的原因，一定要制定出处理问题的战术和策略。

回到我们前面的案例，我们确定了两大问题，一是学生在上课期间随意离开座位，二是缺乏对迟交作业和补交作业的管理流程。因此，我们可以适当调整一下，增加一条课堂规则"要举手请示才能离开你的座位"。案例中这位教师还需要决定，如果学生不遵守规则应该怎么做，是否能言行一致地实施惩罚也是个问题。另外一个调整策略应该围绕迟交和补交作业来制定，对没来上课的孩子或迟交作业的孩子制定明确的管理流程，不能让他们影响上课的时间。

实施你的新愿景

一旦有了新的课堂愿景，你可能会有新的课堂要求、新的课堂规则，还可能有新的课堂流程，甚至这三者你都有。你已经花时间确认问题出在哪里，并准备好重新营造你想要的课堂氛围，确保课堂成为学生能安心学习的地方。一定要花时间仔细思考之后再提出新的愿景，因为你只能按一次（也许两次）"重启键"。但是不用害怕，如果重启的效果不完美，记住，你还可以一直悄悄改变。

现在我们来"按下重启键"。这是个重大时刻，你在进教室前一定要有充分的准备。记住，重启可以在星期一或星期五进行，也许在大周末或者节假日之后更好，但是没关系，只要你已经全面地考虑了所有的问题，并且能用正确的方式自信地宣布你的决定，你就可以自由挑选最合适的时机。不管你宣布了什么新的课堂规则、管理流程或者要求，你必须用行动来支持你自己。

这是一个周一，你花了整个周末来制订新的课堂计划。你用更加成熟的视角重读了这本书的某些章节。你明确地列出了新的课堂要求、管理流程和规则，你仔细思考了应该怎样维护你提出的这些要求和规则。你知道你将要对按照你的要求做事的学生提出表扬，你知道你将重新纠正不能马上遵守新规则的那些学生，你已经准备好向学生宣布你的改革计划了。

当学生们走进教室，你要马上开始宣布并解释你为什么要做出这些改变。你该怎么说呢？举个例子，比如你可以这么说："这个周末我一直在思考我们的课堂，我觉得我们的学习环境要做一些改变了。我想了一些新办法，而且我很高兴向你们介绍这些办法。我这么做是想让我们一起努力，确保每位同学都能获得最好的学习体验。下面是我想到的……"这时候，你就可以宣布你的改革计划了。

这些话很重要，因为它能表明你很兴奋，并且对未来具有坚定的信心。在重启之前，你可能确实对学生的行为感到很失望，但是当你在处理发生的问题时，你想起来你自己也有错。这个时候，你没有必要提及学生过去的错误行为，也不要把任何责任归到他们头上。你和学生是一个团队，你希望和他们一起取得成功。为了拥有更好的将来，不要关注过去，要把精力快速转移到解决目前的问题上。

既然你已经向学生宣布了重启计划，就必须维护它。为了维护重启计

第9章
不断修正，做出改变

划，你必须坚持新的课堂流程和课堂要求。不管发生什么，要保持坚定的信心。学生会想尽方法重拾旧习，回到过去的不良行为和做事方式。你必须随时注意各种情况，迅速纠正，并且在必要的时候实施惩罚。持之以恒是关键。

下面举几个例子来说明怎样坚持新的课堂要求。

1. 在按下重启键的那一天，你不允许学生在上课时大声喊出答案，如果他们想发言，不管是说答案还是提问题，必须举手。上课5分钟后，你提了一个问题，加利亚大声喊出了正确答案。你必须这么说："加利亚，我很高兴你知道这个问题的正确答案，但你没有按照我们的新要求来回答问题，你能重新来一次吗？"接下来鼓励她举手，点她回答问题，然后谢谢她举手并正确回答了问题。

2. 假设几分钟以后你又提了一个问题，有15个学生举手了，但是仍然有3个学生大声喊出了答案。你要表扬举手的学生，忽略那些没举手的学生。"乔治，谢谢你举手回答，说说你有什么想法吧。"

3. 快下课时，绝大多数学生已经懂得了新的课堂要求，但你发现安东尼仍然在大喊大叫。在离下课还有大约一分钟的时候，走到他跟前，弯下腰对他说："下课以后请留下来，我们简单聊一聊。"等其他学生走后，你必须很严肃地跟他谈谈他仍然不遵守新的课堂要求大喊大叫的问题：

"安东尼，我发现你没有遵守我们新的课堂规范。我知道让你回答问题前先举手有些困难，特别是当你对自己的答案很有信心的时候，但你大喊大叫会打断其他同学的思考。明天上课的时候如果你还是大喊大叫，第一次我会给你警告，如果你再喊第二次，你就必须去冷静室。你还有什么问题吗？"我们知道，因为安东尼不举手而把他赶出教室似乎太过分了，但这个改变必须完成，只有这样，你才能好好上课，学生才能好好学习。不要忘记，之前你的课堂已经失控了，你必须非常严肃地对待这些变革，这样才能让学生也严肃地对待它们。第二天上课前，在安东尼走进教室之前，你必须拦住他："安东尼，今天请不要忘记举手，我想要你待在教室里，这样我就能听到你的想法和正确答案了。"

如果你能坚持重启模式连续两个星期，课堂就会进行得非常顺利。你也许不愿意那么严肃和认真，但是为了你能好好上课、学生能好好学习，你不得不牺牲一段时间。记住，放松要求很容易，想要再一步步提高要求却很难。

记住，有一点很重要，一年中你只有一次（或者两次）**机会"按下重启键"。** 这个教学工具是很有威力的，但是你每使用一次，它的威力就变得越小。你第一次"重启"，学生会认真对待。他们能感觉到你在改变整个课堂结构：那可是件大事，学生就好像进入了一个崭新的课堂。如果你

第9章
不断修正，做出改变

第二次"重启"，学生们将会感到疑惑，你为什么又要变？第三次"重启"简直就是个笑话。切记，深思熟虑、精心准备后再"按下重启键"！

> **想一想**
>
> "悄悄改变"和"按下重启键"是课堂管理系统中的必备要素。"悄悄改变"是每时、每刻、每天都可以使用的，因为实施它们不需要额外的沟通。"按下重启键"则需要进行有效的沟通，因为教师和学生都需要做出改变。最近在你的课堂上有没有一些需要"悄悄改变"或者"按下重启键"的事情？你可以采取哪些步骤来解决你面临的问题？

第3部分

经营人际关系

第10章　如何和领导打交道

当你选择教师这个职业时，其中一个原因就是你能有机会去影响青少年。你愿意和学生们在一起，就算这不是你选择教师这个特殊职业唯一的动力，也可能是动力之一。你在参加教师资格培训期间，可能心里也产生过一些犹豫，因为你开始担心课堂管理问题。如果学生不听我的，怎么办？我应该如何应对班上最难管的学生？如果学生不喜欢我，怎么办？

上述每种担忧都集中在你和班上学生的关系上，这对第一年从教的老师来说很正常。要想成为一名高效能老师，拥有一个高效的班级是关键，这也是本书大部分章节都在论述课堂管理、学生行为、课堂组织和教学设计等内容的原因之一。如果你在这些方面做得不成功，教学会变得难以驾驭、令人沮丧甚至使你精疲力竭。但只处理好师生关系是不够的，我们还需要有能力跟校内外的成年人打好交道。

这一部分写起来有点棘手。关注学生是所有老师的共性，虽然班级和教学对象可能差别很大，但每个老师班上都会有讨人喜欢的学生，也会有那些挑战老师耐心和能力的学生，这一点在我们第一天踏进教室时就知道了。有些学校不好管理的学生多，而有的学校少，这是每个老师必须面对的事实。不仅如此，不同学校、不同年级和不同部门之间，我们需要打交道的成年人群也可能会差别很大。我们的目的是帮助所有的人，不管他们面临什么样的环境。

获得领导的支持

在电视或电影作品里，校长们经常被描写成笨拙甚至是莽撞无礼的人。当我们想起电影《翘课天才》（*Ferris Bueller's Day off*）里面的学校领导时，可能会轻声偷笑，校长们怎么都被描述成那样啊。有可能你的学校有好几位校级领导，有些人可能树立了威严的形象，使得你很敬畏他，有些人只在学生出了问题或者做错事的时候才会出面教训学生。我们老师中有些人基本不跟校长打交道，而有些人则能经常接触到校长。在有些学校里，老师们甚至都不知道校长具体是干什么的。

不管怎样，现在你要面对的另一个具体领导是你的教学督导。很有可

第10章
如何和领导打交道

能他们就是招聘和评估你的人，现在也应该是支持你的人。总的说来，一般不是校长来具体管理，而是你的教学督导。能否跟他们建立积极正面的关系非常重要，得到他们的支持也是你教学工作的一部分。

信任领导

在许多学校，校长在招聘过程中起着重大作用。这是件好事，因为这意味着是他们选择了你作为学校的一分子，这一点就已经是你的优势了！他们选择你，是因为你的能力和潜力。大多数情况下，如果校长不愿意要你，你是不可能进入那所学校的，因此你是被选中才能当上老师的。话虽如此，就像其他任何职业一样，校长的能力差别也很大，但你目前能做的就是相信你的领导能帮助你、支持你。

要记住：想要真正了解一个学校的运作方式可能要花上好几个月甚至好几年的时间，而且就算你了解了，也可能看不到全貌。

此外，请永远记得校长一定会在自己能力范围内做到最好。这本身就是一个复杂的工作，要考虑的事情非常庞杂。埋怨领导永远比自己当领导更容易。所以我们的建议是，无论你的同事怎么说，你的个人目标应该是和领导建立积极、专业的关系。假以时日，你就会建立自己对人对事的观点。另外，教师越高效，领导的工作也会越轻松。虽然领导的决策可能不会一直让教师满意,但领导的终极目标与教师是相同的。

努力把工作做到最好

你可以把校长与老师之间的关系和师生之间的关系进行对比。你班上有些好学生总是会课前做好预习,学习也很努力,并且一直坚持做到最好。另外,同一个班上学生的各项技能也可能相差甚远。有些学生几乎不用老师指导,其他人可能需要老师的帮助才能获得成功,并且他们很愿意接受老师的指导。但是也会有思想行为叛逆的学生,他们会抗拒老师的指导甚至帮助。你也很清楚,还有些学生可能更难管,一旦老师试图帮助他们或纠正他们的不良行为,他们就会立即戒备起来甚至直接挑衅老师。你可以回忆自己当学生时的情景,老师们的水平能力也是参差不齐的。有的老师费尽力气才能让学生在课堂上表现得体,有的老师则似乎轻轻松松就做到了。有些老师能够得到全体学生的尊重,而也有其他的老师得到的评论却褒贬不一,这种情况和老师与校长之间的关系很相似。

如果校长们很有能力,他们在学校会受到绝大多数老师和家长的尊敬。如果他们很无能,可能就没有几个人拥护他们,也得不到校内外人员的尊重。当然,很多学校领导的能力水平介于上面两者之间。**作为新老师,有一点对你很重要——应该和学校的每个人都建立良好的关系,首**

第10章
如何和领导打交道

先从你的领导开始。

如果你的领导是卓越的领导者,和他们建立关系很容易。他们会找机会和你私下谈话,经常帮助你,去你的课堂旁听并常常表扬鼓励你,这样的领导很容易获得下属的尊重。你学校的同事们也会高度评价这样的领导,而且你很容易加入到他们的行列。

不要埋怨

当然,可能会有一些人戴着有色眼镜去评价领导。如果某位校长勒令某个违规学生休学了,很显然,那个学生的家长很可能对校长的看法会有失偏颇。同样,如果校长不得已训斥了某位老师,那位老师也可能对校长有更加负面的评价。

作为一个新老师,你的任务并不是排除上述这些不确定的因素,而是保持积极的态度,寻找机会多和学校领导接触并支持他们的工作。融入团队很重要,这么做能帮助改善学校的环境,也是我们从事教育行业应该承担的责任。这个话题我们下一章再详细论述,但是有一点很重要——不要加入那些说学校或学区领导坏话的个人或小团体。他们这种做法毫无益处,对学校和我们自己的心态都没有丝毫帮助。如果我们花费很多的时间和精力来埋怨领导,我们的学生由谁来管?埋怨领导远比自己当领导更容易。我们应该努力建立良好的人际关系，以备不时之需。

> **想一想**
>
> 　　校长一定希望你能成功。他们决定聘用你的时候，就是在用自己的声誉做担保。无论是否是他们聘用的你，你越成功，他们也越有成就感。就像教师的工作比那些不是教师的人想的更复杂一样，校长的工作也比一些人想的更有挑战性。你对学校领导的初印象是什么？你的同事是如何谈论领导力的？你准备在这一学年中如何建立与领导的关系？

第11章 如何和同事打交道

向同事学习

我们知道,每个班上既有让老师省心的学生,也有需要老师费心的学生。有的学生想好好表现,有的学生却想去试探老师的底线。如果我们仔细想想,学生们也会长大成人,其中有些人也会成为老师。学生之间的水平和态度差异很大,同样的道理,成年人之间的水平和态度差异也非常大。每个学校里,都有一些老师每天努力工作、态度积极,并且坚持帮助学生进步。把这样的老师找出来,抓住一切机会向他们学习——如果他们真的很优秀,一定会愿意与你分享。从他们的经验和精神中提炼出精髓,如果有机会,利用备课时间去他们的班上听课并仔细观察。记住这一点：从精英的身上学习，越优秀的人越受欢迎。

希望你能找到这些优秀的教师，可能他们就在你的隔壁教室，跟你教着同一年级，与你同在一个教研室或教学小组，或者跟你共同备课甚至一起吃午饭。也许你的辅导教师就是其中之一，他会成为可信赖的同事。如果你能跟这些优秀的人建立良好的关系，请充分利用这些关系，实现它们的价值，这样做会让你从教的第一年及以后的教学生涯变得更加愉悦。如果你能找到这些优秀的人，我们称他们为"赋能者"，请全速前进！这个问题将在下一章具体讲。

每天保持积极向上的心态

现在，如果我们不提出一个小小的警告，那就是我们的疏忽了——学校里也许还有另外一些老师，他们并没有分享教学经验的观念，这种情况随时都可能发生。

我们可能还记得，当我们还是学生时，有些老师在黑板上写着离学年结束还有多少天的倒计时。当时，你以为那个倒计时是给你们看的，现在回想起来有可能是给老师自己看的。你还记不记得有的老师上课时警告学生，说那天他的心情不好？你有没有碰到过有的老师不止一次那么说？

留心看、用心听，你所在学校的老师们在学生走进教室的时候是怎

第11章
如何和同事打交道

跟学生打招呼的。不管每天心情如何,他们都能做到亲切地微笑并问候学生吗?有没有老师不是每天都能做到,而是要取决于星期几、他们当天心情如何或者对那个班的喜爱程度?你有没有见过每天学生进教室时连笑都不笑一下的老师?你是哪一类?你想成为哪一类?你想和哪一类老师打交道?

教学是一种回报率很高的职业,这一点是毫无疑问的,但是教学也是强度很大、让人心力交瘁的工作。**每天一定要保持积极向上的心态,这一点非常重要。**人以类聚,大家都愿意跟自己能力相当、信念相同的人交往。积极的人会吸引同样态度的人,消极的人更愿意和那些总是抱怨和发牢骚的人在一起。

远离消极小集体

作为新老师,很多小集体想拉你入伙。如果学校里有些人总是抱怨,他们试图朝你发牢骚,只要你一插嘴,就会被他们同化。他们想让别人觉得,他们工作劳累过度但收入太低,而且不受赏识。千万别让你自己被这些人收编了!他们真的很善于拉人入伙,并且很喜欢向新来的同事下手。想想小学里经常发生的这种事,你可能认识某个老师,他总是迫不及待地告诉下一年要来的新老师,学生有多恐怖。我们一定要意识到,这种人不仅仅是要针对下一年来的新老师，而是想把他们的暑假都毁了，因为新老师会在整个假期为学生而担忧。但更重要的是，他们甚至是在针对学生，因为他们希望学生在新学年里学不到任何东西。

绝大多数的同事可能对我们很有帮助，但有些人也许不是这样的。我们需要对每个人友好，但只能学习优秀的同事。良好的开端对你以后的教学生涯很关键，有了好的开头，再去寻找那些特别优秀的人帮助你每天建立自信。

> **想一想**
>
> 哪一类人可以给你力量？哪一类人会消耗你的能量？哪些人总是在帮助你和支持你的进步？找到这样的同伴，成为这样的人。同样一个装了半杯水的杯子，有的人看到的是半满的杯子，有的人看到的是半空的杯子，还有的人看到的是一个待洗的脏杯子。请一定要明智地选择与哪些能量场建立联系。

第12章 找到能赋予你信心、快乐和力量的人

寻找你的赋能者与领航者

在从教的第一年里,你会拼命工作来确保每天的工作顺利进行。你会花好几个小时备课,每天悉心经营师生关系,还要努力对所有你接触到的人保持微笑、打招呼,因为你想成为能在课堂上和单位里传播正能量的人,然而,总有意外发生。

无论我们多么努力,也只是普通人。有些时候,我们每个人都会经历一些意想不到的、可怕的、非常糟糕的日子。可能是因为某节课没上好,或者是与某个学生的交流没有达到预期的结果,也可能是因为某个心态消极的老师,又或者是因为某位生气的家长。当这些情况发生时,你怎

么办？

坦白地说，暂时你可能要自己处理这些人生的起起伏伏。很有可能开始的时候，你还会寻求家人和朋友的帮助，但是最终，当你在工作中遇到冲突和挫折时，还是应该求助于另一位教育专家。这个人应该和你有相似的教育理念，但更重要的是，你相信他总会在身边帮助你，我们把这些教育专家称为"赋能者"。因为这是个原创词，我们会给出定义。真正的"赋能者"是人生赋予我们的珍贵礼物，但是我们上哪儿去找到他们呢？

对于第一年的新老师来说，正式上课前的一段时间是你寻找"赋能者"的最佳时期。新学年开始了，每个人都很兴奋，包括你自己。你或许会有点紧张，但你所在部门里总有些人很期待与你相识！新老师总是能帮助学校焕发生机与激情，很多人会被这种激情所吸引，他们会竭尽所能地帮助你，并从你身上学习新知识。你不仅要利用这段时间好好备课，还要努力结识单位的其他同事。

你最开始交往的对象可能是同年级、同教学组或同部门的老师，通常你也有机会认识那些新来学校的同事。这些都是很好的机会，你应该坐下来聆听与观察。用心记下来：哪些是带来正能量的人？哪些人为新学年感到兴奋？辨别哪些人能在你需要的时候伸出援手，在你感到沮丧的时候为你描绘蓝图，这一点对新老师来说非常重要。"赋能者"总是积极乐观，

第12章
找到能赋予你信心、快乐和力量的人

是你想经常联系和交往的对象。

有可能你第一天上班就能碰见你的"赋能者"。如果他是校方指派给你的导师，那就最理想了。但是那些没这么走运的新老师怎么办？我们来假设一下，你被分配到一个小组或部门，你在那里得不到你想要的帮助和支持。如果你身边没有"赋能者"，那你就得去外面寻找他们。你必须找到志趣相投的人来激励你，那些人可能不会出现在你旁边的教室里，那你该怎么去找到他们呢？

你可以到四个地方寻找：你的学校、你所在的学区、校外职业培训以及社交媒体。我们提到过岗前培训，那么其他的会议和聚会呢？抓住这些机会，坐到不同年级、不同学科或不同教学组老师的旁边并结识他们。另外还有跟你在食堂一起就餐或是备课时间跟你相同的老师呢？很多老师都必须承担各种院、部级委员会的工作，这些委员会的会议提供了绝佳的机会，让你认识那些平常不容易见到的老师，这些老师能带给你乐观的精神和教学支持。

利用学区的共同活动来做同样的事。你有很多途径可以实现与单位以外的人员交往，全学区课程设计小组、学区委员会或者在职培训，这些只是其中的几个例子。通常整个学区会议有午餐休会时间，你可以跟其他单位的人交朋友，看看你在这些会上认识的人能否成为你力量的来源或者能

否支持你的工作。

校外的职业培训是另外一种选择。询问其他老师或者校长有哪些地区或省级的教学会议，根据自身的兴趣和时间，在网络上搜索一些相关的会议。有时候，你第一年就要当代课老师，这个安排还是挺吓人的。尝试去找一些在周末举行的会议，比如教育营地（Edcamps，一个推广非传统会议的组织，由参会者自主选择会议的主题）。我们鼓励你参加会议的原因在于，那些充满热情的人会很关注会议并试图聚集到一起，这些会议既能提供丰富的学习经验，又非常鼓舞人心。

不管出于什么原因，如果你没有上述的机会认识那些人，还有最后一个办法。如果你觉得在学校里没有找到优秀的同伴，那可以利用社交媒体与积极的同伴建立联系。如果你希望自己每天都满怀期待地去工作，那么你大概率也需要找一些有着相同愿景的同伴。无论你如何与校内外的优秀同伴建立联系，要记住他们一定也希望你能取得成功。

与赋能者一起努力

记住，每个人都需要"赋能者"，并且最后你也可能变成别人的"赋能者"！如果真是这样，你不只是在找他们集思广益帮忙解决课堂上的问题，他们也会求助于你。只要记住一点，他们对你的启发应该远远大于困扰，反之亦然。**与"赋能者"一起努力营造安全和积极的教育关系，会有助于你度过教学生涯中的艰难时期并迎来成功的时刻。**

虚心学习他人的优点

当你遇到难事的时候，"赋能者"将一直是你的首选求助对象。但在帮你成为教育者的过程中，你们单位的其他人也发挥着巨大作用。这些人都有一些拿得出手的技能，他们大部分人身上都有值得你学习和借鉴的地方。比如，你们组的某位老师可能不擅长课堂管理，但在组织学生实地考察方面无可挑剔。和他们一起工作，学习他们擅长的那项技能。音乐老师可能不教主课，但是你听到小道消息说他们举办小合唱的才能令人吃惊。虽然这些老师不能成为你的"赋能者"，但是你应该欣赏他们的优点。

远离抱怨者

幸运的是，学校里绝大多数的老师都有洞察力和好办法帮助你成为更专业的教师，并且他们中的大多数人非常乐意分享，特别是当你向他们求助时。不幸的是，可能你的同事中有少数人没有利他思想，不愿与人分享。最后这类人可能只占百分之二的比例，我们暂且称他们为"百分之二的人"，大多数学校都有这样的人。如果我们给予他们太多权力，这百分之二的人肯定会削弱整个学校的士气。这些老师通常是抱怨最多、最大声的人，很讽刺的是，他们也往往是工作最少的人。他们有时候会在参加员工大会时（如果他们能来的话）睡觉或者发短信，甚至有些人的坏名声为众人所知，是因为他们私心里偷偷盼望别人（包括学生）失败，以便为他们没法获得课堂教学的成功找到借口。

这些老师很消极，他们会抱怨，还会企图把你变成他们那样。你的唯一目标就是一直对他们友好，但是千万不要加入他们的队伍。要保持积极的心态、内心强大，因为这样对你学校的学生是最好的。学会避开这百分之二的人，尽量靠近你的"赋能者"。跟"赋能者"在一起，你会成为你理想中的老师，并且每天都能积极地影响你的学生。

> **想一想**
>
> 在学校里，与你打交道的大部分同事都希望你能成功。此外，还有至少几个人会尽他们所能支持你和关照你。努力找到这样的赋能者。你认为在你的学校中哪些人是这样的角色？在校外（在社交媒体上、在别的办公楼中或者在教师预备小组中碰到的伙伴）又有哪些人是这样的角色呢？

第13章　正确处理你与学生、同事、校长的关系

正如前面章节提到过的，你要非常努力地建立和修复与个别学生的关系。但是如果有一天，你在全班同学面前搞砸了师生关系，怎么办？如果你发现某个同事对你很生气，怎么办？如果你下午六点正在办公室批改试卷，却突然意识到你忘了参加放学后召开的教职工大会怎么办？

老师也是人，也会犯错误。我们的错误有可能是当着满屋子盯着你看的学生犯的，也可能是发送了一封措辞不当的邮件，让家长、同事或者校长不高兴了。在这些情况下，有些老师更想把事情掩盖起来，忽略或者逃避现实。这样似乎更容易一些，但是我们要鼓励你采用不同的方式。**承认错误对任何人来说都很困难，但在教育这个行业里和你的整个人生当中，我们不能害怕去修复与他人的关系，并且这个修复行动要越快越好！**

真诚地道歉，向学生分享你的感受

我们的第一个例子是向你展示如何与学生修复关系。假设你正在某周五的第八节课上组织课堂活动，那不是一个普通的周五，而是万圣节前的周五。这是当天的最后一节课，学生们开始有点疯狂了。你一开始是纠正两个特别爱讲话的学生，然后尝试表扬那些勤奋学习的好学生和他们的好行为。然而，随着时间一点点过去，学生们讲话的声音越来越大，并且越来越多的人开始心不在焉。你先是看见一支铅笔飞过教室，然后又有两个学生把碎纸屑往垃圾桶里扔，玩起了三分投篮。你的耐心被耗尽了，最后你开始要求全班同学注意课堂秩序。你好像花了很长一段时间才让学生停止讲话，并把注意力转移到老师身上来。那个时候你太生气了，所以在最后几分钟的时候，你严厉地告诉他们把所有东西收起来，把头靠在桌子上并安静地坐着。下课铃响了，学生们走了，但是你马上开始焦虑了。你整个周末都在担心怎么处理这件事，还有周一的课要怎么上。

当你回顾课堂上发生的事时，你觉得很难受，因为你觉得自己的处理方式不当。对，学生们是犯了错，但是你可能也犯了错。你明白，到了下周一的第八节课，你需要对你那些缺乏专业水准的行为进行弥补。

到了周一，学生们慢慢地走进教室，上课铃响了之后，你告诉他们你

第13章
正确处理你与学生、同事、校长的关系

有话要说。"第一，我想为上周五教室里发生的事向你们道歉。很抱歉我提高了嗓门，这个做法很不合适，并且中止了当时有趣的课堂活动。当时我的处理方式缺乏专业水准，更重要的是，我自己表现得也没有专业水准。第二，我想让你们知道，上周五你们的行为伤害了我的感情。当你们无视我，并且在教室里乱扔东西的时候，我觉得你们不尊重我，以后我们双方都需要改变我们的行为。"

苏珊·斯科特在《艰难的对话》(Fierce Conversations)一书中写道，道歉并分享你的感受是修复人际关系的两个重要方面。在上面的情景中，你两样都做了。首先，你为你的行为道歉了。没错，是学生促成了你的行为，但是承认你自己没有正确地处理当时的情况，给人的感觉就不太像是你在指责学生了。其次，你又分享了自己的感受，你成为了受伤害的一方，缓和了事态。你并没有说学生的行为很"糟糕"、很"可笑"或者"太出格"，那些不好的字眼会让学生进入防御状态，导致他们听不进你的话甚至反击你。

你还可以选择另一种做法，就是允许学生也分享他们的感受。是否要这么做完全取决于你，当学生给出的答案不是你想要的时候，你有没有能力应对得当。因此，只有当你觉得有足够的信心去倾听和帮助学生时，才能采用这种策略。

当你向全班或某个学生道歉时，学生们最常见的反应之一是"以前从来没有老师给我们道过歉"。这是个巨大的安慰，因为你正确地处理了这件事，现在你和学生都准备好继续前行了。

及时修复与同事的关系

第二个场景是如何修复与同事的关系。设想一下，你发现有个同事因为你发的一封邮件而感到难过，你记得写这封邮件的时候，你的情绪很低落，所以你点开邮件来唤醒你的记忆。在重新阅读邮件以后，你明白了邮件的措辞有些不当之处，也明白了它怎样伤害了同事的感情。这种情况下你不应该逃避，而是必须表现得更加大度从容，并主动去找到那位同事。不要再发送电子邮件，亲自找到她并当面对她说："詹娜，我想为那封邮件跟你道歉。写邮件的那段时间我的情绪很低落，但我从未想过要伤害你的感情，我感到非常抱歉。"简单扼要。这段谈话越及时越好。如果你让同事沉浸在不良情绪里太久，你的道歉就显得没那么真诚了，或者同事可能要过很长时间才能原谅你。

一旦发现错误，马上道歉

最后，如果你需要跟领导道歉，比如你不小心错过了教职工会议，你

第13章 正确处理你与学生、同事、校长的关系

该怎么做呢？千万不要等到校长来找你，要主动去联系。一旦你意识到你错过了会议，马上发邮件，然后直接去找校长道歉。"波伊尔博士，我在教室里改卷子，刚刚才发现自己错过了放学后的教职工会议，非常抱歉！请您告诉我，我错过了什么会议内容，还有我需要做点什么来弥补我的缺席？再一次为我错过了会议而道歉。"如果你第二天早上还觉得愧疚，可以去领导的办公室再一次表示歉意。

> **想一想**
>
> 你还记得当别人真诚地向你道歉时你的感受吗？你是不是感觉与他们的关系更近一步而不是更远了？可能当下说抱歉是一件有点难为情的事，但这可以让你在未来更舒坦一些。在你的教师生涯中，有没有哪些事是需要你去弥补的？永远记得最好的办法就是真诚的道歉。

第14章 如何与家长打交道

提前与家长建立良好的关系以备不时之需,这是非常重要的。在和家长进行负面的沟通前——无论是谁发起的——请用正面的方式和他们相处,这将有利于你与他们进行高效的沟通。这对于家长、学生和你自己都有好处。

以下是一些出自《老师怎么说,家长才会听》的观点,这本书详细讲述了如何与家长进行沟通,尤其是面对一些棘手的情况时。

设身处地站在家长的角度思考问题

不管你身处何地或者在哪个学校,社区的家长们都有一个共同点:他们都自认为尽到了最大努力,但是那并不代表他们做到了你认为的最好。

你可能来自于一个充满爱的中上阶层核心家庭——平均拥有两到三个孩子，还有关心和支持子女的父母并且现在仍然婚姻幸福，你也可能没有这样的家庭背景。不管是哪种情况，你一定要意识到，对于家庭和育儿，你有自己的固有观念。不管你自己有什么样的背景，你的学生都来自于不同的家庭，这些家庭的做法可能与你熟悉的不一样。

你可能对"好父母"有不同的看法，但这并不能说明做法不同的父母就对孩子不关心，也不代表他们就没有努力。不管具体情况如何，学生家长们都是爱孩子的，并且自认为尽到最大努力了，这一点我们必须时刻记住。家长们也像你一样，想要孩子得到最好的教育。

有一点相当有趣，有时候和家长们打交道能让我们对学生变得更有耐心。当我们因为某个家长的态度或行为感到挫败时，与家长们的会面有时候会引起我们的反思："天啊，我总算明白为什么某某学生控制不住他的脾气了！"当然，这些话我们永远不会说出口，但是了解学生的家庭背景可以为我们提供信息，帮助我们了解学生来自什么样的环境。这有助于我们认识到，某个学生觉得正常的、恰当的行为可能和我们认为的"正常的"和"适当的"并不一样。

第14章
如何与家长打交道

提前建立良好关系以备不时之需

如果我们等着家长主动联系我们,或者等到出了事再联系家长,很多情况下我们与家长的接触就是消极负面的状态,而当家长与老师或学校的接触是负面状态时,家长当然会不愿意和学校打交道了。因此,我们需要经常主动与家长联系,一旦发生了必须要和家长谈的问题,我们在和家长沟通时会感觉更好、更自在。

如果可能的话,在开学之前就给家长打电话,或者至少给他们写一封信或发送一封电子邮件。要主动跟他们接触,告诉他们,你很高兴即将和他们的孩子一起学习,这样做会让家长感觉到温暖和亲切。这些事应该在开学之初或者开学之前就完成,这有助于家长对你和孩子新学年的学习形成正面的看法。

另外,如果学校有开放日或者返校聚会,利用这些机会让家长感受到学校对他们的热情欢迎。这些时候不要只顾着介绍课程设置、成绩评定或者教学实践,我们一定要好好利用这些场合,让家长觉得老师会关心他们的孩子,并照顾好他们,这才是所有家长最想要的东西。

总的来说,要记住,家长们很少从学校和老师那里听到什么好消息。如果你能让他们听到一些正面消息,你就可以提前在家长心里树立威信以备不时之需。即使你很早就注意到某个学生的行为问题，但在打电话和家长反映这个事之前，最好先定期联系一下家长，说一些孩子的正面表现。通过提前做这些事，在以后需要和家长进行更艰难的谈话时，老师才能在家长心里拥有更高的威信。

如何与家长沟通学生的情况

在我们继续和家长打交道或给他们打电话的同时，学习如何开展对话真是一件很有必要的事。

在开展一些自己不熟悉甚至不喜欢的工作之前，先练习某些方法非常有利于建立你的自信心。比如，当你决定第一次打电话给别人，邀请别人出来约会时可能非常紧张。在打电话之前，你可能会在脑海里练习几百遍你想要说的话，你甚至把你想说的话都写出来了，并在旁边加注了不少其他话题，万一前面的谈话失败了，谈话还能继续。一旦你决定了怎样开始对话，当你真正开始拨号时，你的自信就会增加。如果我们不习惯主动与家长联系，提前练习也会提升我们的信心。和上课一样，准备工作非常有用。

不管是沟通正面还是负面的消息，我们希望一直用同样的方式跟家长打电话。每个人都可以融合他人比较好的方式以形成一种最适合自己的方

第14章
如何与家长打交道

式,但从好的开始到熟练掌握技能还有很长一段路要走。每一次电话沟通,不管正面还是负面消息,都可以从下面的话开始:"您好,您是凯文的妈妈约翰逊女士吧,我是史密斯中学的汤姆·沃克,凯文的科学老师。很抱歉在工作(或者休息)时间打扰您,但是……"不管是传递好消息还是不太好的消息,坚持使用职业化的语气能帮助我们和家长之间建立富有成效的关系。

虽然每次谈话听起来都不一样,但是我们想给你各举一个例子,看看如何传递正面消息和负面消息。

正面消息:"您好,您是凯文的妈妈约翰逊女士吧,我是史密斯中学的汤姆·沃克,凯文的科学老师。很抱歉在上班时间打扰您,但我打电话是想告诉您,昨天的科学课考试凯文得了一百分!我为他取得好成绩而感到高兴,因为我知道过去的一周他学习非常刻苦。"家长的反应可能各不相同,但是你总能用下面这句话来结束谈话:"祝您拥有美好的一天!"

报告好消息的电话可能短暂而美好,但这样的沟通能把每个人的生活变得更好一些。**即使你度过了一段艰难的日子,打一个积极的电话也能提醒你,确实有些优秀的学生值得你去肯定。**要永远记住,每次你表扬别人,至少有两个人心情会更好,其中一个就是你自己。

负面消息:"您好,您是凯文的妈妈约翰逊女士吧,我是史密斯中学的汤姆·沃克，凯文的科学老师。很抱歉在上班时间打扰您，但我打电话是想告诉您，最近的一次科学课考试凯文没及格，我有些担心他。他在本学年开始的时候表现很好，但是慢慢地开始不交作业了。我完全相信凯文，也知道他有能力在我的课上取得好成绩，我愿意与您一起努力帮助凯文回到正轨。"

打负面消息电话可能令人发怵，即使对经验丰富的教师来说也是如此。就算有些害怕，打电话的时候，只要你能做到以下三点，就能帮你完成有效的沟通。第一点是要开门见山地说明目前的问题，迅速切入主题并强调你很担心学生。第二点是尽量提到一些对学生的正面评价，比如"艾丽西娅很有艺术天分，但是当我们需要在艺术课上记笔记的时候，她很难集中注意力。我不想因为这一点影响她的成绩，因为她的作品非常棒"。最后一点，你必须让家长们知道，他们的孩子能够取得成功，并且你愿意和他们一起帮助孩子成功，通过着眼未来可以缓解家长们因为目前的问题而引发的紧张情绪。与其就存在的问题达成共识，双方更容易达成一致的是老师和家长都希望孩子在将来能有所改进。

大多数时候，如果你能很快地说完问题，再提一提学生有什么擅长的事，然后说一说如何与家长一起找到解决方法，家长们会很乐意和你谈话或者继续听你说。这些谈话可能会非常有用，也许可以马上解决你在课堂

第14章
如何与家长打交道

上发现的问题。家长们可能会和他们的孩子谈谈发生的问题,也可能告诉你一些他们在家里用过的好办法,或者无论你遇到什么情况都授权你全权处理,只要你看着合适就行。

如果你打电话的时候能够针对目前问题准备一两个解决方案,这将会很有帮助。我们回到前面的场景,凯文在最近的科学考试中没及格。在你传达前面那些信息之后,就该说下面这些话了。你可以说:"我想到了两种办法来着手改善目前这样的状况,希望得到您的建议。首先,星期二和星期四上课前我有时间,如果凯文想来办公室进行一对一的辅导,我将很乐意跟他一起学习。其次,我允许补考。我可以把凯文需要做的作业发邮件给您,以便他准备补考。这两种方案,您和凯文对哪个更感兴趣?"

有关艾丽西娅的例子,你实际上只需要让家长知道,注意力不集中是个问题,如果得不到解决事情会变得更严重。"为了尽可能地解决这个问题,需要记笔记时,我会把艾丽西娅调到教室前面坐,以便更好地监督她。如果那样做还不管用,我会让她坐到教室后面的'安全座位'上,直到她能成功地记笔记为止。我只是想让你们知道我发现了什么问题,以后也会告诉您问题是否能得到解决,什么时候能解决。"

上面两个例子的具体情节不同,但是都涉及三点:清楚地说明问题,向家长表达你希望他们的孩子成功,然后让他们知道有什么解决方案可以选择，或者你正在如何处理这个问题。当我们不得不传达坏消息时，另一个建议是一定要在学生们找家长之前先跟家长们接触。一旦做错了什么事，孩子很可能带着偏见歪曲事实，如果家长再来找我们，我们会觉得更难堪。但是如果我们先联系了家长，就能掌握主动权，在学生给家长灌输不同的看法之前表明我们自己的观点。永远记住，电话是我们最好的朋友，除非电话铃声首先响起（家长先来找你了）。

即使你使用了非常专业的方式，有时候那些难打的电话还是达不到我们预期的效果。家长可能会对我们生气，为孩子的事感到沮丧甚至对日常生活感到失望。要解决这个问题很难，但是一定要记住，对待家长就像对待学生和同事一样，解决问题的最好办法就是道歉。如果家长很生气，我们可以说："发生这样的事，我很难过。"这句话并不是承认错误，只是表达同情的一种方式，这能让你和家长的关系继续往前发展。说"我错了"确实很震撼，但是只有当你真的犯错时说出来才恰当。为了修复关系，更普遍的说法是："发生这样的事我很难过。"即使完全是学生的错——上课开小差、考试作弊、欺负同学等，你也要表达自己为此感到难过的心情。不管是谁先联系谁的，这种说法都是建立良好关系的有效方法。

第14章
如何与家长打交道

想一想

你打算如何提前与家长建立好关系？记住，家长和教师都希望做对学生最好的事。在新学期开始的时候，你可以做些什么来帮助你建立起你和家长的互信并发展你们的关系呢？

第4部分

思考与成长

第15章 随时吸收新知识

把每一个场景都当成学习机会

作为第一年从教的新老师,学校的所有事情对你来说都很新鲜:开会、教学团队、课程等。试着把学校里的每个场景都当作一次学习机会,把自己当成一块海绵,好好利用第一年的时间吸收新知识。

学会观察

你吸收新知识的其中一个办法就是利用备课的机会去观察别的老师上课,观察他们如何开始、如何结束、如何组织转换各种课堂活动,仔细聆听他们和学生交流时使用的语言,看看他们是如何纠正错误行为的。现在你有了自己的学生,但这并不意味着你就不用再去观摩其他老师上课了。弄清楚你的同事是怎样应对学校和学生的,这需要很高的洞察力。中学老师能从小学老师身上学到很多东西,反之亦然。

例如,一位中学老师曾经看见幼儿园某班的小朋友们排成直线安静地走过走廊,他被震撼了!如果你是小学老师,你知道那有多难!实际上,不管你教几年级,你都知道让学生排成一条直线并保持安静是多么困难。每次看到那个幼儿班经过,他都注意观察并仔细去听那个女老师说了什么话。终于有一天,他知道了她的秘诀。当时,小朋友们正站着,等待轮到他们下楼,突然有个小孩想去揪他前面小朋友的头发。老师看见了,她只是简单说了一句:"科斯特,你那么做让我很难过。"那个小孩马上把手放下了。说实话,那位中学老师说他自己也觉得羞愧地抬不起头来,因为在他读二年级的时候,他也揪过同学的头发。如果这句话能让幼儿园的小朋友觉得羞愧(甚至能让没有做错什么事的成年人感到羞愧),他就觉得这句话一定对他的学生也管用。他的想法很正确,像这样的细微观察的确能改变你对事情的看法。

积极参加会议

你能吸收新知识的第二个机会就是参加各种会议。一定要听听同事和

第15章
随时吸收新知识

领导们的讲话，因为就像我们之前提到过的，你可以从身边的专家身上学到很多东西。在这些时候，如果你有不明白的地方，要勇于在会议期间请专家解释清楚，或者把问题写下来事后再请教同事或教学督导。他们可能没有意识到或者忘了新老师在第一年必须经历较为曲折的学习过程，这是可以理解的。作为老师，我们告诉自己的学生要敢于提出任何问题，对成年人来说也是这个道理。现在你成了老师，并不意味着你就无所不知。**有时候你觉得自己更像个学生而不是老师，这并没有什么错。接受这个事实，提出问题或请求解释比假装知道答案更好。**即使是你们单位经验最丰富的老教师甚至是你的校长或领导们，他们也并非无所不知。

认真对待反馈意见

作为一个新老师，提升自己最好的方法之一就是请别人听你的课并给出反馈意见。也许你所在的学校已经有了合理的制度来保证其他教师定期来听你的课，如果没有听课制度，最好请你的校长、同事或者一位可信赖的同行来听你的课。一开始你可能觉得压力很大，但如果还有更好的上课方法而你自己没想到，岂不遗憾？如果你太专注于上课内容，而没注意到后面的学生上课不专心，你想不想发现这个问题？如果有更好的方法来评估学生的学习状况，你想不想了解一下？你难道不想知道这些事？你难道不想做最棒的自己？

最后要注意的一点是，如果你有些具体的事情需要帮助或者咨询，最好让来听课的人知道，他们一定会更关注这些方面而不是那些你不太担心的问题。既然你请别人来听课，就必须持开放心态，愿意接受他们给出的任何反馈意见。也许你不会同意他们的每条意见，没关系，聆听不同的看法总能让你变得更好。每个人都会有不同的观点、建议和方法供你尝试，不要害怕反馈意见，这可能是获得进步的最好方式之一。

不要害怕说"不"

最后，认真对待下面这条建议：不要让自己太累。如果有机会去尝试新事物，我们建议你好好去探究。加入新的教学委员会，主动参加课外活动，积极接触课堂以外的事务。这种方式非常棒，它能让你更好地了解学校是如何运转的，还能让你遇见并结识新朋友。作为第一年从教的新老师，开口说"不"是非常困难的，原因有两个。第一个原因是你太兴奋了！你想讨人喜欢，你想和孩子们在一起并且你想成为优秀的人，这些也是你想当老师的原因。第二个原因是你不确定你是否可以拒绝。你会担心：如果我拒绝，他们会不会很生气？如果我做不完课程计划，也不能让学生成绩一直提高，校长会不会认为我是个偷懒的人？

第15章
随时吸收新知识

你必须做那些对你最有益处的事,你也必须做那些对你的学生最有益处的事,这两者是密切相关的,你所在单位的其他教师们会明白的。只要你把学生放在首位,其他的事都不重要。**不要害怕涉足课堂以外的事务,但是如果事情太多,太难应付,也不要害怕说"不",你会知道什么才是对你最好的。**

正如你可能在课外承担过多的任务,你在课堂上也可能做出同样的事。作为老师,有时候你的任务列表似乎永远没有尽头,你才划掉一项任务,之后又加上了三项。作为第一年从教的新老师,情况几乎更糟,因为你还没有整理出列表上哪些事是值得做的。你划掉了一件事,然后你实际上加了三十件事,因为你在第一年从教时,会认为每件事似乎都很重要,所以,要注意简化,例如你的成绩评定体系,你要探索有没有简化成绩评定的方法,让你的课堂任务不会过重。

这些方法可能包括:

1. 布置的作业不用每一份都批改

2. 确保布置的作业都是必要的

3. 让学生把作业交给你之前,先用铅笔批改自己的作业

4. 当学生做课堂准备活动时,拿着花名册和写字夹板在教室里四处走动,检查学生的作业,只对学生的完成情况打分

5. 把小测验或者部分考试题放在电脑上进行，这样电脑能自动替你打分

有没有一些作业可以在白天上课期间布置完成，以减轻你课后的负担？

这些做法可能包括让学生：

1. 分发作业（打分的作业、填空表、作业单等）

2. 组织活动（收集他们小组需要的材料，自己制作卡片）

3. 整理教室的置物架

4. 管理班级的社交媒体账户

5. 活动结束后收拾物品（纸、胶水、剪刀等）

6. 把掉在地上的物品捡起来

7. 削好铅笔

有些时候，你必须允许自己离开教室。你的任务列表永远不会是空白的，你越快适应这一点，就会越快让自己的状态好起来。如果你不关心自己，你关心学生的能力也会大打折扣。保证你自己的身心平衡，你应该拿出最佳状态去面对学生。

第15章
随时吸收新知识

想一想

在成为新教师后的第一年中,你一直会面临一个挑战,那就是在像海绵一样吸收知识和在你感到超负荷时说"不"之间取得平衡。你如何判断自己是否已经超负荷了?你应该注意自己的哪些想法或情绪?你该如何练习在对新知识和新机会保持开放态度的同时学会说"不"?

第16章　教育学生，从自我做起

教室里最重要的人是教师

教学工作有着无比迷人的魅力。我们可以想一想校长对学校的影响，或者以前的老师对学生的影响。我们可能听别人评论过官方教育委员会，说他们是怎么影响教育行业的。我们也可能听过有人议论教育主管、教育中心办公室或者学校董事会，评论他们的所作所为如何影响到你们学校的老师。但是，教室里最重要的人是教师，一直是，永远都是。

如果你班上的每位学生都来自有爱心、家庭关系稳定的家庭，那该有多好。如果每个学生的阅读水平都能达到或超过年级平均水平并且真心喜欢上学，那就太好了。我们希望今年的每个学生都有很好的性格和学习态度，我们希望工资涨到原来的三倍，而学生人数砍到一半，但是我们知道这些事情根本就不可能发生。

教师有能力影响和控制学生的行为

如果一位优秀的老师进行了一次小测验，但是学生们做得很差，应该怪谁呢？当然是老师自己。优秀的教师有能力去影响和控制学生的行为，如果班上很多学生表现都不好，优秀的教师一定会先进行自我反省。

相反，如果一位低效能教师进行了一次小测验，学生做得也很差，又应该怪谁呢？这位教师会埋怨去年的老师、家长、社会中的不良因素、离婚率等。如果我们要靠别人或别的东西来改变学生，那我们可能会感到沮丧、无助甚至对整个人生都感到失望。但是，如果我们意识到真正能改变学生的人就是我们自己，而不是我们无法掌控的事物，我们就有希望了。意识到学生的改变要靠我们自己，这有点让人紧张，但是也给予了我们权力和力量。

有的老师喜欢说："这是我教过的最差的一群学生。"通常，他们都是在每年的某个特定日子说这句话的。他们真正想说的是，只要有人给他们送来好学生，他们就会开始好好上课。当我们想起他们这么说的时候，感觉这种说法似乎很愚蠢。教师作为对课堂最有影响力的关键人物，关注自

第16章
教育学生，从自我做起

己很重要。

一般说来，学生做出错误行为是因为他们能得到某些回报，这些回报有可能是各种形式的关注——嘲笑、愤怒等。坦白地讲，他们通常希望得到老师的关注。课堂管理关注更多的是课堂和学生，而不是管理。在大多数学校，有的老师从来不大声叫嚷，但也有老师经常这么做。你想成为哪一种老师？这是你自己的选择。

当你因为某节课生气或者讨厌学生的不良行为时，跑进卫生间照照镜子，那里是你唯一能找到答案的地方。**教育是一种重大的责任，也是一个绝好的机遇，如何平衡这两者的关系由你来决定。**

相信你的直觉

本书的最后一部分提醒我们，课堂上每天发生的事情都取决于我们教师自己。这真的很不可思议——教育是世界上最孤独的职业之一，但是我们从不孤单。教室里总有二三十个学生和我们在一起，但就同行成年人而言，很少有人看见我们上课的具体情况，也很少有人能根据我们的需要提供具体的指导，这也是我为什么要写这部分内容的原因。不要害怕依靠自己的本能，不要害怕相信自己的直觉。

也许在某个场合你觉得学生在利用你，很可能你的感觉是对的。有时候你怀疑自己是不是对全班或某个学生说话太严厉了，很可能你的感觉也是对的。有时候你觉得某次作业根本没必要，你并没有解释清楚，或者你说话时带着嘲讽的语气，很可能你的感觉都是对的。

你选择当老师是因为你想传播正能量，你选择了正确的职业，相信你自己。如果你觉得自己做得过分了，不要害怕去道歉。按照你的想法，用专业的态度告诉学生他们的行为有什么不当之处。如果你没能立即根据直觉去处理问题，不必烦恼。你可以仔细思考一个晚上或者认真琢磨好几天，然后再采取应对的方法，这完全没有问题。

通常，课堂上不会有任何人来指导你，依靠自己的直觉吧。如果你不确定，并且你的直觉告诉你，你应该去咨询更有经验的人，一定要那样做。**不是凡事都有正确答案或者唯一答案的，不要害怕正视自己的内心，相信你自己的发现，并且每天用它来帮助你，为你的日常行为提供指导。**

不能因为某个老师对学生大声喊叫或者讽刺学生，就说明这种行为是对的。当其他老师在吃午饭时批评校长，你不应该加入抨击队伍。很多时候，当我们做了这种事以后，我们会更消极，因为我们朝学生大吼大叫只能让他们收敛几分钟，当我们在背后嘲笑同事或领导时，一些同行会笑话我们，事后回想起来，我们会很后悔做了那样的事，那样做没有职业道德。有些时候我们应该补救，但任何时候我们都应该记住将来不要再这样

第16章
教育学生，从自我做起

做。学习是教育的一部分，教育我们自己也是教育的一部分。

> **想一想**
>
> 　　一个教室里最重要的变量就是教师。每一天你都有机会为班级定下基调，让每位学生度过积极的一天。这是一份沉甸甸的责任，也是一个光荣的机会。想一想你当初为什么选择做教师？什么样的教师曾经改变过你的生活？为什么？

第17章　珍惜每一次成长的机会

最好的教师也是最好的学习者

在开始第一年的从教生涯之前,你曾梦想成为你理想中的那种老师。这个梦想继续发展,直到你和学生接触的第一天为止,从那天起,你需要为了变成理想中的老师而努力工作。从开学第一天起,我们就希望变成那样的人,但是很多人发现,真正做起来要比我们原来想象的难得多。那些你在心里说过永远不会做的事情,也许正慢慢地渗透到你的教学实践当中。

你曾经发誓,你绝不会在教学实践中对学生使用填鸭式授课,但是开学两个月了,你还在让学生整堂课坐着记笔记。你也曾经发誓你绝对不会朝任何学生大吼大叫，但是那天当莉莉第四次在地上乱滚后，你发现你的耐心到了极限。

那天放学以后，你坐在办公桌前，想起了你理想中的老师和现实中的你。你失败了吗？你梦想中的老师还会出现吗？这个人真的是你吗？**虽然第一年教学生涯不会很完美，但是那并不代表你是个失败的老师。你的教学过程中发生的每一件事对你来说都是一次学习、成长的机会，能够帮助你努力成为梦想中那样的老师。**

你必须朝着目标不断努力，你的梦想才有可能实现，关键是永远不要放弃把梦想变为现实。如果你发现自己开始偏离目标，马上修正，绝不要接受那些你感觉到正在发生的负面变化。如果你发现你正在变成填鸭式的授课老师，而你曾发誓绝不做那样的人，那就改正吧。让自己的授课方式变得更有创意，你需要找到更多的方法来展示课程内容，不要害怕改变。如果你在第一次朝着学生大吼大叫后内心充满愧疚，与其沉湎于这种愧疚的情绪之中，不如想清楚怎么修复师生关系以及下次应该采用什么不同的方式。

不要让这样的事阻碍你成为卓越教师，这些事会帮助你成长，让你不断进步。记住，我们教自己的学生在学习中要无畏困难，你也应该做到。最好的教师也是最好的学习者，你可以成为梦想中那样的老师。不要把梦

第17章
珍惜每一次成长的机会

想推迟到下一年,因为今年的学生也应该拥有那样的老师。

未来,你将战无不胜

在大多数行业中,一年的职业生涯并没有明确的起点和终点。如果你坐办公室,通常每年的工作只是周而复始。如果你犯错了,可能很难弥补。你的客户就是你要面对的,即使我们满心期望,但是要想"按下重启键"真的很难。幸运的是,我们从事的不是其他的行业,而是最好的行业——教育行业。虽然有时候学年周期可能给你带来很大的压力,比如为下个假期而焦虑,担心统一的期末考试以及新的课程要求,等等。但是,对新老师来说,教育行业有一个好处是其他工作所不具备的,那就是新学年的开始。

第一个学年的结尾是自我反思的最佳时期,你有很多收获,但也会有一些遗憾。也许你希望要是在开学之初就提出更明确的课堂要求就好了。也许你希望经常修复与学生的关系但是没做到,更有可能的是,有些课没有像你希望或想象的那样顺利。也许你不得不多次"按下重启键",但是太迟了,没有达到预期的效果。好吧,把希望寄托在即将来临的第二个学年!**不管你的第一个学年过得如何,你将战无不胜地开始第二个学年。从新学年的第一天开始,你有机会尊重每一位学生,你有渊博的知识可以设**

计引人入胜的课堂内容，你也有信心成为言行一致的老师并为学校传播正能量。

随着新学年的临近，也许你想重新回顾本书的部分章节。对新学年的期盼总是激动人心的，不管第一学年怎么样，下一年的学生仍然会带着激情和希望走进你的课堂。他们整个暑假都在盼望有你这样的老师，你整个暑假也都在盼望有他们这样的学生。祝你第二学年成功。

反思指引

这部分汇总了前面各章节中"想一想"的内容,你可以将它作为思考如何将本书应用于你的课堂的指引——无论你是自己一人,还是和导师或是与新教师同伴一起。你也可以通过它迅速复习本书的关键话题,或者帮助你回忆和定位某部分内容所在的章节。相信你看完会有很多感受,可以写在下方的横线处和其他人一起交流。

第1章

许多教师会想要在学生到达教室前布置好教室。我们希望你能够思考以下两个问题:(1)如何布置教室会使你喜欢每天待在这里上课?(2)如何通过教室墙上视觉资料、海报、照片等方式让学生和家长感到自己在这个班级有存在感？有没有什么方法可以同时满足上述两个要求？

_____

_____

_____

_____

第2章

当你在设计课堂流程时，我们希望你能够考虑到你的决定对那些有着不同身份、背景和文化的学生将产生何种不同的影响。要将决策的包容性纳入你的考虑中。比如，你在设计家庭作业时，是否考虑到有些学生的家长可能身兼数职，所以无法在晚上定期辅导孩子作业？你该如何确保你选择的课堂流程不会伤害到那些有不同背景的学生？

_____

_____

_____

_____

反思指引

第3章

设计课堂规则和设计课堂流程需要注意的事情是一样的，我们希望你能考虑到你所选择的课堂规则是否能够有效地适用于不同背景的学生。不同身份、背景和文化的学生甚至可能对课堂规则产生不同的理解。比如，想一下学生对"尊重他人"可能会有哪些不同的理解方式？如何定义课堂规则才能确保在创造积极、高效的课堂氛围的同时表达出对不同个体和文化的肯定和接纳？

_____

_____

_____

_____

第4章

在为开学后的第一周准备课程时，要将学生的背景、能力、身份和经历的多样性考虑进去，这有助于你打造高度参与且受欢迎的课堂，这是非常重要的。无论你任职的学校是在城市还是郊区，你都会面对一班有着不同思维方式、不同生活经历的学生。想一想你可以采取哪些步骤来了解作为复杂个体而非只是学习者的学生？怎样做可以将学生的不同性格和差异变成经营课堂的财富？如何把他们的生活经历融入你的课程设计和教学中，或者至少是体现在你们的日常互动中？

_____

_____

_____

_____

第5章

你认为以下三个方面哪一个是你的强项：建立师生关系、对学生提出高要求和保持课堂管理规则的一致性？哪个方面是你想要提高的？如果你在课堂管理方面碰到了问题，我们建议你可以想一想那个"房子"的比喻，它可以帮助你把问题缩小到你需要调整的某个具体方面。

_____

_____

_____

_____

反思指引

第6章

当你为课堂设置规则时,我们希望你能思考一下,应该如何让学生了解和练习它们,才能最有利于学生的发展,并兼顾到不同学生在能力、文化和语言方面的差异。你将如何根据你班上学生的具体差异来拓展或改良我们提供的方法步骤?如何在你的方法中融入视觉、身体语言、口头指示等元素?

_____

_____

_____

_____

第7章

你将如何整理你的技巧工具箱?哪一个技巧是你觉得你明天就可以在课堂上实施的?哪一个技巧你想自己先练习一下?有没有我们没有提到但你曾经见过其他优秀的教师使用过的技巧?

_____

_____

你的第一年

第8章

你仔细考虑、打磨过哪些课堂管理体系呢？具体说一说它是什么样的？它的执行流程是怎样的？你会有哪些处罚措施？我们鼓励你为开学第一周做好展望和计划，但也希望你知道，你也可以随着对自己和学生的了解的加深随时调整你的计划。最终，你就会形成自己的一套课堂管理系统，使你既可以有效地管理课堂，又可以照顾到学生的差异和需求。

第9章

"悄悄改变"和"按下重启键"是课堂管理系统中的必备要素。"悄悄改变"是每时、每刻、每天都可以使用的，因为实施它们不需要额外的沟通。"按下重启键"则需要进行有效的沟通，因为教师和学生都需要做

反思指引

出改变。最近在你的课堂上有没有一些需要"悄悄改变"或者"按下重启键"的事情？你可以采取哪些步骤来解决你面临的问题？

_____

_____

_____

_____

第10章

校长一定希望你能成功。他们决定聘用你的时候，就是在用自己的声誉做担保。无论是否是他们聘用的你，你越成功，他们也越有成就感。就像教师的工作比那些不是教师的人想的更复杂一样，校长的工作也比一些人想的更有挑战性。你对学校领导的初印象是什么？你的同事是如何谈论领导力的？你准备在这一学年中如何建立与领导的关系？

_____

_____

_____

_____

第11章

哪一类人可以给你力量？哪一类人会消耗你的能量？哪些人总是在帮助你和支持你的进步？找到这样的同伴，成为这样的人。同样一个装了半杯水的杯子，有的人看到的是半满的杯子，有的人看到的是半空的杯子，还有的人看到的是一个待洗的脏杯子。请一定要明智地选择与哪些能量场建立联系。

_____

_____

_____

_____

第12章

在学校里，与你打交道的大部分同事都希望你能成功。此外，还有至少几个人会尽他们所能支持你和关照你。努力找到这样的赋能者。你认为在你的学校中哪些人是这样的角色？在校外（在社交媒体上、在别的办公楼中或者在教师预备小组中碰到的伙伴）又有哪些人是这样的角色呢？

_____

反思指引

第13章

你还记得当别人真诚地向你道歉时你的感受吗？你是不是感觉与他们的关系更近一步而不是更远了？可能当下说抱歉是一件有点难为情的事，但这可以让你在未来更舒坦一些。在你的教师生涯中有没有哪些事是需要你去弥补的？永远记得最好的办法就是真诚的道歉。

第14章

你打算如何提前与家长建立好关系？记住，家长和教师都希望做对学生最好的事。在新学期开始的时候，你可以做些什么来帮助你建立起你和家长的互信并发展你们的关系呢？

第15章

在成为新教师后的第一年中,你一直会面临一个挑战,那就是在像海绵一样吸收知识和在你感到超负荷时说"不"之间取得平衡。你如何判断自己是否已经超负荷了?你应该注意自己的哪些想法或情绪?你该如何练习在对新知识和新机会保持开放态度的同时学会说"不"?

第16章

一个教室里最重要的变量就是教师。每一天你都有机会为班级定下基调,让每位学生度过积极的一天。这是一份沉甸甸的责任,也是一个光荣

反思指引

的机会。想一想你当初为什么选择做教师？什么样的教师曾经改变过你的生活？为什么？

_____

_____

_____

_____

让学生的进步看得见

马扎诺团队作品相关推荐阅读

《能力导向型教学法》

《数据驱动式教学》

《如何成为一名反思型教师》

《卓有成效的课堂管理》

《设计有效的教学评价与评分系统》

《课堂上的提问逻辑》

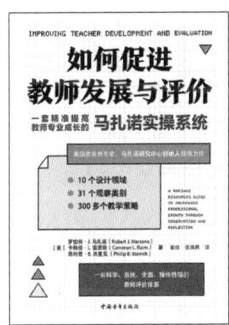

《如何促进教师发展与评价》

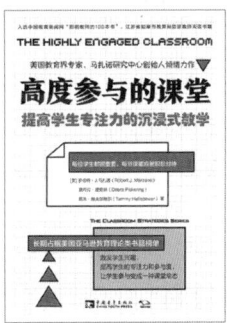

《高度参与的课堂》

培养学生的高阶素养，整合性教学设计全解读
将下一代培养成问题解决者和创造性思考者

瑞典年度教师奖得主佳作　　北欧教育纪实：从教研到教案

整合性教学设计

如何整合STEAM教育、项目式学习、具身学习和审辨思维训练，实现可持续的自主学习

构建更完备的知识系统

设计一系列解决现实问题的协作体验式活动

注重培养学生的高阶素养

让学生能够从更宏大的视野理解不断变化的世界

ISBN：978-7-5153-7243-3
作者：[瑞典] 夏洛特·格雷厄姆　菲利普·朗尚
定价：69.90元

本书精彩回顾

- ★ 近20种高参考价值的整合性教学设计项目实例，从数理科学竞赛项目到日常活动
- ★ 构建概念化时间叙事框架，视角更立体，提升知识的留存度
- ★ 重视具身认知，它是人类心智中可能永远无法被人工智能复制的主要元素
- ★ 提供哲学思辨训练，掌握洞察模式的素养，在集体和个人层面培养学生的道德感
- ★ 重塑学习场景的设计性、模块性、技术性、混合性和互动性
- ★ 倡导学校提供各种活动，以成为重新发现快乐社区的中心
- ★ 鼓励教师成为伯乐教师、具备伯乐品质
- ★ 人工智能时代的教育蓄力

- 入选中国教育新闻网2022年度"影响教师的100本书"TOP10
- 中国教育学会副会长李希贵诚意推荐,没有学习就没有真正的教育!
- "立足学生学习,为今天的教育从业者提供教学思维方式转变的详细指导,为k-12教育系统开启教学与学习的全新设计!"

重新定义学习
如何设计未来学校与引领未来学习

ISBN:978-7-5153-6748-4
作者:[美]埃里克·C.申英格,托马斯·C.默里
2022-11   定价:49.90元

内容简介: 教育可以影响当下,改变未来。在面向未来教育时,学校与教师的职责是让学生为他们的未来做好准备,以获得更大的成功。本书为K12教育系统开启了教学与学习的全新设计。

- ◆ 如何打破传统教学壁垒,为学生提供深入探索的学习机会?
- ◆ 如何实施精确的学习任务,帮助学生为未来做好准备?
- ◆ 如何提供有针对性的反馈,使技术可以提高学习参与度?
- ◆ 如何设计以学生为中心的学习空间?
- ◆ 如何建立集体愿景和塑造学校文化?

埃里克·C.申英格   学习技术和教学领导专家,国际教育领导力中心(ICLE)副合伙人和高级研究员,Adobe教育领袖,畅销书作家。

在此之前,他是全球公认的创新实践学校——美国新米尔福德高中备受赞誉的校长。他成功领导了学校的变革,改变了学校的学习文化,同时提高了学习成绩。

托马斯·C.默里   卓越教育联盟项目未来预备学校的创意总监,畅销书《真实性学习:如何设计体验式、情境式、主动式的学习课堂》作者。

他倡导以学生为中心的个性化学习与真实性学习,同时引领着面向未来的数字化学习。他被教育策略机构(PR with Panache)评为"2017年度教育思想领袖"。

★ 比尔·盖茨推荐
★ 入选得到听书"镇馆之宝"
★ 入选中国教育报"影响教师的100本书"
★ 豆瓣热门教育学图书No.1
★ 中国教育学会副会长李希贵特别推荐;新教育实验发起人朱永新作序推荐
★ 广受美国教育界专家学者好评:美国教师联盟主席兰迪·温加滕、美国核心知识基金会创始人E.D.赫希、《认知天性》合著者马克·麦克丹尼尔、美国第十任教育部部长小约翰·B.金联袂推荐

为什么学生不喜欢上学?

认知心理学家解开大脑学习的运作结构,
如何更有效地学习与思考

ISBN:978-7-5153-6708-8
作者:[美]丹尼尔·T.威林厄姆
2023-01 定价:59.90元

内容简介: 本书以"人类是如何思考和学习的"为线索,按章节依次阐述了大脑关于学习的10项基本运作原理,回答了诸如为何我们无须费力就能记住热播剧剧情却记不住知识等普遍学习困惑,揭示了故事、情感、记忆、背景知识、练习在构建知识和创造持久学习经验中的重要性,据此给出教育工作者提高学生的学习能力及精进教学技艺的方法建议。

作者的多个观点会颠覆你的固有认知,你将会重新认识并思考以下主题:"事实性知识优先于技能知识""反复练习是精通任何脑力工作的开始""因材施教是否有科学性证据支持""智能可通过持续努力而改变""对于学生不同的学习方式,我是否应该调整我的教学""学生真能像科学家、数学家、史学家那样思考吗""技术革新的速度再快,也没有改变人类的思考方式"等。

掌握10大认知原则,就能掌握有效学习的诀窍,不是你不喜欢学习,原来是大脑喜欢这样学!

作者简介: 丹尼尔·T.威林厄姆于杜克大学获得心理学本科学位;1990年,他获得哈佛大学认知心理学博士学位;从1992年至今,他在美国弗吉尼亚大学担任心理学教授。其研究主要关注以大脑为基础的学习和记忆,主要围绕认知心理学在基础教育方面的应用。

人工智能
如何影响教学

从作业设计、个性化学习到创新评价方法

ISBN：978-7-5153-7012-5
作者：[美] 马特·米勒
2023-10 定价：49.00元

★ 教育技术教学倡导者新作，一本书讲透教师即将应对的人工智能时代

★ 现象级ChatGPT、AIGC产品问世，是将教育逼入角落，还是为教学打开天窗？

★ 本书旨在向教育领域传递正视AI重塑教学的可能性，为教学、教师和学生迎接智能时代做好准备，培养数字素养、媒介素养。讨论技术伦理，重新定义人工智能时代的作弊与抄袭，帮助学生合乎伦理的使用工具，培养数字素养、媒介素养。

★ 30个运用AIGC技巧丰富教学的实用技巧：助力个性化教学，提高教师的教学效率，丰富作业设计的形式，优化学生的评价方式，为教师积极稳妥地运用人工智能为教学赋能提供指导

内容简介： 面对以ChatGPT为代表的生成式人工智能技术的崛起，机器学习和人工智能的井喷式发展，教育界将面对何种挑战，又该如何应对？"教师会被ChatGPT取代吗？""ChatGPT会导致学校里作弊盛行吗？"

本书合乎时宜，提供了30种运用生成式人工智能技术（比如ChatGPT等人工智能助手软件）灵活教学的实用技巧，讨论了教师正确看待学生使用ChatGPT完成个性化学习的可能性，帮助教育工作者重新思考传统的作业设计，还讨论了如何帮助学生以负责任、合乎伦理的方式适应未来的人工智能世界，如何将学生培养成具备媒体素养的合格的数字公民，教师如何借助新技术提高自己的教学效率……

作者简介： 马特·米勒，他在K-12教育领域广受欢迎，身为一名作家、教育演讲家、教育技术倡导者，他一直鼓励教师用创意解放教学，倡导在课堂中融入技术，致力于提高教育工作者的教学效率，为学生创造更多印象深刻的学习体验。著有《技术如何改变教学》。